세상을 바꾸는 여성 엔지니어 19

혁신과 도약으로 허들을 넘다

세상을 바꾸는 여성 엔지니어 19

혁신과 도약으로 허들을 넘다

초판 1쇄 인쇄일 2024년 11월 12일
초판 1쇄 발행일 2024년 11월 19일

지은이 ㈜한국여성공학기술인협회 펴냄
펴낸이 양옥매
디자인 표지혜 송다희
마케팅 송용호
교   정 홍민지

펴낸곳 도서출판 책과나무
출판등록 제2012-000376
주소 서울특별시 마포구 방울내로 79 이노빌딩 302호
대표전화 02.372.1537 **팩스** 02.372.1538
이메일 booknamu2007@naver.com
홈페이지 www.booknamu.com
ISBN 979-11-6752-544-4 (03300)

세상을 바꾸는 여성 엔지니어 19

 혁신과 도약으로
허들을 넘다

㈜한국여성공학기술인협회 펴냄

책나무

앞으로도 많은 허들을 넘어 나갈
여성 공학인들에게

최 순 자

전 인하대 총장(WITECK 1 · 2대 회장)

한국여성공학기술인협회에서 지난 20년간 거의 매년 집필해 온『세상을 바꾸는 여성 엔지니어』(가칭 '세 · 바 · 여')의 19번째 "혁신과 도약으로 허들을 넘다" 출간을 축하합니다.

올해는 한국여성공학기술인협회(WITECK) 출범 20주년의 해입니다. 10년이면 강산이 변한다던 옛말을 빌리면, 우리 협회는 강산이 두 번이나 바뀌는 역사와 전통을 만들어 왔습니다. 협회가 해 온 여러 가지 일 중에서『세 · 바 · 여』의 출간이야말로 WITECK의 역사와 전통을 만드는 길이라 생각합니다. 다시 한번 축하드립니다.

올해의 주제인 "혁신과 도약으로 허들을 넘다"는 20세 청년식을 치르는 우리 협회 회원들의 커다란 자랑이자 성과입니다. 다양한 분야에서 허들을 넘어왔거나 앞으로도 많이 넘어야 할 허들 속에서 살아가는 20 여 명의 집필 여성 엔지니어들에게 격려를 보내며 더 많은 용기를 갖기 기대합니다.

아울러 올해에도 『세 · 바 · 여』 집필진을 구성하는 등 출간을 기획 · 감수해 주신 협회 위원들에게 감사드립니다. 또한 협회 사무진과 이영옥 회장께도 감사드리며, 협회 20주년 행사에서 지난 20여 년간 『세 · 바 · 여』에 참여하였던 집필진들이 함께 모일 수 있는 자리가 있기 바랍니다.

세바여 집필진은 물론, 한국여성공학기술인협회와 회원들의 발전을 기원합니다.

오 명 숙

한국여성공학기술인협회 7대 회장

　사랑하는 여성공학인 여러분!

　『세상을 바꾸는 여성 엔지니어』 제19권, "혁신과 도약으로 허들을 넘다"의 발간을 진심으로 축하드립니다. 우리가 애칭으로 부르는 『세 · 바 · 여』는 2004년 제1권 발행 이래 한국여성공학기술인협회의 자랑스러운 전통으로 자리 잡았습니다. 매년 우리는 세바여를 통해 우리의 이야기를 나누고, 도전과 성취를 공유하며, 꿈을 향해 나아가는 힘을 얻고 있습니다. 현재 활동하는 여성 공학 리더라면 세바여에 글로 기고한 경험을 지니고 있을 것입니다.

　지난 20년간 한국여성공학기술인협회는 여성 공학인의 참여 확대, 역량 강화, 그리고 공학 분야에서의 여성 리더십 확대를 위해 노력해 왔습니다. 2024년 현재, 4년제 공과대학의 여학생 비율은 2003년 13.3%

에서 26.0%로 증가하였으며 산업기술인력 중 여성의 비율로 2003년 11.1%에서 2023년 14.1%로 상승했습니다. 공과대학 여교수 비율도 2.1%(2004년)에서 8.9%(2024년)로 증가하였습니다.

변화의 속도는 느리고 여성의 비율은 여전히 낮습니다. 그러나 우리의 열정과 헌신은 공학 분야에서 여성의 위치를 공고히 하고 있으며, 함께 더 나은 미래를 만들어 가고 있습니다.

"혁신과 도약으로 허들을 넘다"라는 제19권의 제목은 단순한 구호가 아니라고 생각합니다. 이는 시대가 요구하는 가치이며, 각자의 삶과 경력에서 실현하고자 하는 진취적인 의지를 반영합니다.

우리는 기술의 발전과 함께 빠르게 변화하는 시대에 살고 있습니다. 이러한 변화 속에서 우리는 혁신적인 사고와 과감한 도전으로 우리가 마주하는 기술의 빠른 발전은 물론, 여성에 대한 무의식적인 편향, 유리벽과 유리천장, 또는 개인이 느끼는 한계 등의 허들을 넘어 성장하고 도약해야 함을 강조합니다.

제19권의 다양한 이야기를 접하면서 각자가 처한 허들을 인식하고 극복할 수 있는 의지와 전략을 얻기 바랍니다. 여러분의 열정과 노력은 혁신을 이끌고, 그 혁신은 더 나은 세상을 만드는 밑거름이 될 것입니다.

함께 혁신하고, 함께 도약합시다!

여성 엔지니어 20인의
생생한 극복기와 성공 스토리

이영옥

한국여성공학기술인협회 회장

　한국여성공학기술인협회는 2004년 3월에 설립되어 올해로 창립 20주년을 맞이하였으며 현재 약 2,100여 명의 회원이 가입되어 활동하고 있습니다.

　우리 협회는 세상을 이끌어갈 주도적 여성공학인 양성과 가족 친화적 사회 및 기업환경 구축을 통한 국가 및 개인의 경쟁력 강화를 목표로, 현재 산업 현장에서 재직하고 있는 많은 여성 엔지니어가 경력이 단절되지 않고 핵심 리더로 성장할 수 있도록 여성 공학인의 성장 기반을 강화하여 산업 발전의 기반을 구축하고자 노력하고 있습니다.

　『세상을 바꾸는 여성 엔지니어』(줄임말 세 · 바 · 여)는 2004년 공학한림원의 여성 공학기술인 육성 정책으로 제1권을 출간한 이래 현재까지 산업통상자원부의 지원으로 올해 제19권까지 404인의 여성 엔지니어들이 공학을 선택하게 된 계기, 공학 전공을 하고 산업체, 연구소, 교육기관 등 다양한 현장에 근무하면서 마주친 허들을 넘고 더 큰 도전으로 극복한 경험을 담았습니다.

특히 『세상을 바꾸는 여성 엔지니어 19』는 '혁신과 도약으로 허들을 넘다'라는 소제목으로 공학을 전공하여 진출할 수 있는 다양한 분야에서 도전과 끊임없는 노력을 다하여 핵심 인재로 자리매김한 20인의 생생한 현장 스토리로 구성되었습니다.

『세 · 바 · 여』는 다양한 분야에서 탁월한 업적을 이룬 여성 공학인을 발굴하여 여성 공학기술인으로서의 지속적 발전은 물론, 앞으로 여중 · 고등학생에게는 진로 선택의 길잡이가 되고 공학 계열로 진학한 공과대학 여학생들, 그리고 공학 분야에서 경력을 쌓기 시작한 새내기 여성 공학인들에게는 롤모델을 제시해 주는 책으로 공학에 대한 지속적인 관심을 유도하여 공학 전공으로 입학하는 여학생 수를 늘리고, 대학 교육과정과 산업 현장을 먼저 경험하고 극복한 다양한 사례와 성공한 롤모델을 제시해 줌으로써 첨단산업 분야의 여성 공학 인재를 양성 및 확대하는 밑거름이 되기를 바랍니다.

마지막으로, 『세 · 바 · 여』 제19권 출판을 위해 각계각층에서 자신의 역할을 묵묵히 해내고 있는 20인의 저자들께 진심으로 감사드립니다. 또한 이 책의 출판을 위해 애써주신 협회 편집위원회 기유경 위원장 및 위원님, 사무국 직원과 도서출판 책과나무 양옥매 대표께 깊은 감사를 드립니다.

목차

PART 1

'도약'

한 걸음씩 내딛다 보면 어느새 꿈꾸던 그곳에

PART 2

'혁신'

선택한 길을 넘어 영역 확장과 끝없는 도전

'도약'

한 걸음씩 내딛다 보면

어느새 꿈꾸던 그곳에

후회 없는
성실한 삶으로 걸어가자

빈 혜 진

다옴스페이스건축사사무소 대표

홍익대학교 공과대학 건축학과 졸업, 동 대학원에서 석사 학위를 취득한 후
1994년 삼성그룹 자회사 삼우종합건축사사무소에서 실무 경험을 쌓으며 건축계
에 입문하였다. 현재 설계사무실을 운영하며 공공건축의 발전을 위한 전문가로
활동 중이다. 국토교통부, 서울시 및 지자체 등 공공기관의 심의위원으로, 서울
시교육청 사업인 학교 공간의 디자인 혁신을 위한 꿈담건축가·학교건축가로,
건축문화 향상과 도시경쟁력을 강화시키는 서울시 공공건축가로 소임을 다하고
있다. 2004년부터는 인재와 후학 양성을 위해 대학교에 출강하였으며, 현재는
서일대학교 건축학과 겸임교수로 그 책임을 다하고 있다.

이야기를 시작하며

지나온 시간을 뒤돌아보면 그냥 성실하게 살아왔고, 내가 맡은 업무에 충실하게 책임을 다한 것 같다. 선택의 기로에서 최종적으로 다른 결정을 했다면 지금과는 다른 현재가 되었을까 하는 일도 많이 있었지만…. 나의 경험담으로 미래를 설계하거나 결정의 기로에 서 있는 사람들에게 한 단어의 영감만으로도 도움이 되었으면 좋겠다.

과학 실험을 좋아했던 소심한 소녀

과학을 탐구하며 실험하는 것을 좋아했었고, 인형 옷을 디자인하며 만드는 것을 취미로 즐기는 성장기를 보냈다. 과학 도서를 특히 선호하고, 낯을 가려서 많은 사람들과 어울리기보다는 몇몇 친한 벗과 취미도 공유하고, 일찍 등교해서 교실에서 혼자만의 시간을 즐겼던 학창 시절이 스쳐 지나간다.

많은 우여곡절 끝에 장래 희망으로 선망했던 과학 전공과는 다르게 공과대학 건축학과에 진학하게 되었다. 실험실에서 연구하며 데이터를 분석하는 전공과는 달리 건축은 협업과 현장 활동이 중요시되는 전공이 있다.

내향적이고 낯을 가리는 성격이었던 나는 팀 구성원이 함께 답사하고, 건축물을 분석하며 토의하고, 디자인의 성과물을 공동 작업으로 완성하는 학과의 특성으로 인해 외향적인 사람으로 점차 변화되어 갔다.

디자인한 설계도면 작도에 몰두하는 모습

그렇게 조금은 색다른 추억을 가지며 대학 생활을 보냈다.

24시간도 부족한 일상이지만 만족도는 최상

장래의 진로를 고민하면서 좀 더 공부를 하기 위해 대학원 진학을 선택하였다. 대학원 진학과 내가 연구하는 분야를 지도해 주시는 교수님 선택은 신의 한 수였다. 많은 가르침과 내가 성장할 수 있는 밑거름을 마련해 주신 강건희 교수님의 전폭적인 지원을 받으며 연구조교 RA로,

후배들을 지도하는 TA로, 바쁜 대학원 과정을 경험하였다.

연구 보고서, 현상공모전 등 다양하게 환경개발원에서 용역을 수행하며 실무를 경험하였고, 하루 24시간도 부족하여 집에는 일주일에 한 번 정도 가는 너무나 바쁜 일상이었다. 하지만 나의 대학원 시절은 만족도 최상의 시기였고, 내 인생의 행복지수가 높았던 시절로 꼽을 수 있다.

잘 적응하며 전문 경험을 향상시킨 조직문화

사회인으로 전문 분야 실무를 위해 진로를 결정하는 데 고심하며 대기업 자회사 삼우종합건축사사무소로 입사하게 되었다. 이 회사를 선택한 이유는 7시 출근, 오후 4시 퇴근이라는 파격적인 근무시간 때문이다. 자기 개발의 활용을 극대화하는 여건이 자아를 발전시키는 데 최적이라고 생각했기 때문이었다.

하지만 현실은…. 7시 출근은 맞지만 오후 4시 퇴근은 현실과는 거리가 멀어도 너~무 멀었다. 중요도가 큰 프로젝트를 담당하다 보니 매일매일 야근이 일상인 회사 생활을 보내며 실무를 알차게 익히는 계기가 되었다. '난 언제나 일복만큼은 터진 사람이야.' 하는 위안을 스스로 하면서….

많은 경험을 배우며 보람찬 회사 생활이지만 내 가까운 미래 계획에는 미국 유학이 정해져 있었고, 그러려면 영어 공부가 필요했다. 영어 실력 향상을 위해 학원에 갈 시간이 없어서 아침 자투리 시간을 활용해

1996년 사내 건축 답사 연수로 방문한 런던 대형박물관에서

서 EBS 방송 강좌로 공부를 했다. 결국 상위 어학 등급을 획득하여 회사에서 주는 상금도 받고, 해외 답사 연수의 적격자로 선정되어 일거양득의 결과도 있었다.

　해외 답사 여행은 예전부터 폭넓은 지식을 얻고자 학생 때부터 지속해 온 나의 취미 활동이지만, 이 혜택은 더 큰 의미와 기쁜 추억으로 남아 있다. 대형 사무실의 조직문화에 적응하며 동우회 등 사내 활동으로 사람들과 친목을 다지면서 바쁘고도 재미있게 회사 생활을 보낼 수 있었다.

암울했던 은둔기

현실에 안주하지 않고 넓은 세상에서 견문을 넓히기 위해 계획했었던 미국 유학을 준비하기 시작했다. 하지만 IMF로 인한 경제적 원인, 건강상의 문제 등으로 실천은 무산되었고, 나중을 기약하며 보류되었다. 이 시기에 대부분의 일이 엉킨 실타래처럼 꼬이고, 정신적으로도 혼돈인 상태를 겪으며 나 자신의 우유부단함으로 유학 계획은 멀어져 가게 되었다.

어려움이 닥쳤을 때 극복하는 것이 중요한데, 나는 이겨 내지 못한 채 대외적인 활동도 자제했다. 한 박자 쉬고 정비해서 중요하게 계획했던 목표를 달성하는 추진력이 부족했던 것이다. 지금 지난 시간을 되돌아볼 때 가장 후회가 되고 미련과 아쉬움만 남는 은둔기였다.

그렇게 자꾸만 움츠러들었지만, 불규칙적으로 건축 관련 프로젝트를 수행하며 경력을 쌓은 것은 나의 발전에 도움이 되었다. 휴식기를 가지면서도 일을 즐겼던 나는 프리랜서로 일을 하였고, 자유롭게 해외 건축물 답사로 재충전의 기회를 가지며 다시 거듭나는 준비를 하였다.

인생사 '새옹지마'라고 한다. 좋을 때가 있으면 나쁠 때도 있고, 나쁜 시기에도 다시 기회가 도래하면 거듭날 수 있는 무언가를 준비해 두는 것이 중요하다. 비록 시간이 많이 걸리기는 했지만 나는 기지개를 펼 준비를 대비하면서 다시 일어나 전문 영역을 넓혀 나갔다.

CEO로서의 역할과 후학 양성

실무자로 경력이 쌓이면 강단에서 후학을 양성하겠다는 목표를 갖고 있었던 나는 선배의 도움으로 기회를 얻어서 강단에 서게 되었다. 그 기회를 시작으로 서울의 여러 대학에서 건축 관련 실무와 이론 과목으로 강의를 하였다. 수업 준비를 위해 해외 건축물 답사, 새로운 작업 툴 프로그램 수련 등 계속 자아 발전을 위해 노력하였고, 지금은 서일대 건축과 겸임교수로 역할을 다하고 있다.

몇 년 전부터는 고등학생 멘토링 프로그램에 참여해서 진로 선택에

사용자가 원하는 학교 화장실로 개선되도록 디자인디렉터로서
학생TF팀과 회의하는 모습

도움을 주고 있는데, 작년에 수시로 한양대 건축공학과에 합격한 여고생이 연구논문 지도 덕분에 대학 진학에 도움이 되었다는 감사 인사를 받았을 때 큰 보람을 느꼈다. 더불어 건축사로 사무실을 운영하면서 사회에 공헌하는 사업에는 학생들도 참여시켜 현장 교육을 하고 있으며, 영역을 넓혀 가면서 재능 기부로 공공사업에도 참여하고 있다.

지금은 회사를 운영하는 대표로서 이윤 추구보다는 범죄 예방 환경 디자인, 노후 주택지 환경 개선 사업 등 공공성에 기여하는 사업에서도 역할을 하고 있다. 이처럼 많은 사람들에게 도움이 되는 전문가의 능력에 감사함을 가지고 있다.

완성된 미래를 꿈꾸는 여성 공학인에게 한마디

전문가로 사회에 발을 딛고 열심히 걸으면서, 때로는 힘차게 뛰면서 지금 이 위치에 도달하였고, 물론 좀 더 앞으로 나아가며 내가 설정한 목표점까지 서서히 걸어가고 있다. 지난 시간을 되돌아보면 아쉬운 일도 있지만 후회는 없다. 한 가지만 제외하면….

그것은 유학을 미루다가 실행하지 못한 계획이다. 그 목표도 이루었다면 '내 삶에 어떠한 결과치로 나타났을까'는 모르지만, 안목과 식견을 넓히며 파급되는 효과와 긴 인생 여정에 하나의 이벤트로 작용할 것임은 분명하다. 계획을 세우는 여러분께 쉽지 않은 일이지만 해외에서 경험을 쌓는 일은 꼭 권유하고 싶다.

그리고 사람들과의 인맥을 형성하는 것이 매우 중요하다. 나는 일에만 집중하고, 내가 맡은 본업만 잘하면 된다고 생각했었다. 좀 더 일찍 많은 사람을 폭넓게 아는 것의 중요성을 몰랐던 점이 아쉽지만, 최근에 깨닫고 대인 관계를 넓혀 가고 있는 중이다. 내가 어려움을 극복하고 다시 일어서는데 영양제가 되어 주기 때문이다.

세상은 더불어 사는 사회이니 단체나 협회 등의 일원이 되어 활동하는 참여는 중요하고, 이러한 참여로 정보 교류와 소통, 사회에 공헌할 수 있는 자신으로 발전하는 데 많은 도움을 받게 되니 중요성을 잊지 마시기 바란다.

완성된 미래를 향해 나아가는 여러분! 본인이 이루고자 하는 희망을 성취하기 바랍니다!

노력의 대가는
이유 없이 사라지지 않는다

심영은

대검찰청 과학수사부 디엔에이 · 화학분석과 보건연구사

경기대학교 화학과를 졸업하고, 동 대학원에서 분석화학으로 석사 학위를 받았다. 한미약품 연구센터 분석연구팀에서 3년간 근무하였고, 현재는 대검찰청 과학수사부 디엔에이 · 화학분석과에서 마약 복용 및 마약 진위 확인 검사를 하고 있다. 현 회사에 재직하면서 경성대학교 약학과에서 박사 학위를 취득하였다.

세상에 노력만큼 정직한 것은 없다

뜻밖의 행운이 아닌 노력을 통한 결실의 중요함을 일깨우기 위해 부모님께서 나에게 항상 하시던 말씀이다. 어릴 때는 이 말을 귓등으로 들었다. 하지만 성인이 되어 직장을 얻고 결혼을 해서 부모가 되니 마음에 점점 더 와닿는다.

이 말을 듣고 자란 나는 모든 일에 노력하고자 했다. 선천적으로 남들보다 뛰어난 재능을 가지고 태어나지 않은 평범한 사람이기에 노력한 만큼의 정당한 대가를 얻을 수 있다는 부모님의 말을 믿고 싶었다. 실제로 지금의 내 직업과 삶의 여유는 노력의 결과라고 자신 있게 말할 수 있다.

그래서 내 인생에서 제일 소중한 보물 8살 아들에게 나 역시 항상 강조한다. 세상에 노력만큼 정직한 것은 없다고…. 물론 지금 아들에게는 내 말이 잔소리로 들리겠지만, 자라면서 노력의 중요성과 노력한 만큼 얻게 되는 대가의 참된 가치를 차차 깨닫길 바란다.

인생의 전환점을 만나다

사실 나의 꿈은 선생님이었다. 선생님이라는 꿈을 꾸게 된 이유는 단순했다. 고등학교 시절 부드러운 인상을 가진 화학 선생님께 배우는 화학 수업이 너무 재미있었기 때문이다. 선생님을 만나기 전에는 화학은 멀리하고 싶은 과목이었다. 하지만 우리 주변에서 일어나고 있는 반응을 다루는 친숙한 학문인 것을 알게 되니 큰 매력을 느껴서 나도 이 재미있는 학문을 가르치고 싶다는 꿈을 꾸게 되었다.

그래서 선생님의 꿈을 이루기 위해 경기대학교 자연과학부에 입학하였다. 2학년 때 화학을 전공으로 선택하고 교직 이수를 하기 위해 부단히 노력하였다. 오로지 선생님이 되기 위해 최선을 다해 노력하던 시간이었다.

하지만 대학교 3학년 때 듣게 된 기기분석 수업은 나의 꿈을 바꾸는 계기가 되었다. 기기분석 실습 시간에 캔 커피에서 카페인 성분 및 함량 분석을 하면서 느꼈던 희열은 지금도 잊을 수 없다. 지금 생각해 보면 카페인을 분석했던 UV-Vis 램프가 장착된 액체크로마토그래프 장비는 최신 장비와는 다르게 시료 주입부터 모든 과정을 손으로 수행해야만 하는 고물 수준이었다.

그런 장비임에도 불구하고 카페인 성분 및 함량을 명쾌하게 분석해 내는 것을 보고 놀라움과 동시에 짜릿한 기쁨을 느꼈다. 물질을 이루고 있는 성분을 검출하고 함량을 측정하는 화학의 한 분야인 분석화학의 경이로움을 알게 된 순간이었다.

나는 대학교 졸업과 동시에 중등학교 정교사(2급) 자격증을 획득하였지만 많은 고민 끝에 선생님이라는 꿈 대신 대학원에 진학하여 공부하는 길을 택했다. 누군가 임용고시 대신 대학원을 진학한 것에 후회가 없냐고 묻는다면, 대검찰청 과학수사부 법화학감정관으로 일하고 있는 지금, 나는 대학원 진학을 선택한 것에 단 하나도 후회가 없다고 대답할 것이다.

인생 멘토를 만나다

한미약품 연구센터 분석연구팀에 첫 출근을 하는 날이었다. 긴장감에 모든 신경이 곤두섰다. 온몸이 짜릿짜릿하여 마치 전기 인간이 된 기분이었다. 나는 분석연구 2팀에 배정되어 신약후보물질에 대해 체내에서의 흡수, 분포, 대사, 배설에 관한 연구를 하게 되었다. 신입인 나는 분석연구팀 선배들에게 인사를 했다. 선배 중에 긴 생머리에 얼굴은 하얗고 예민해 보이는 여자 선배가 보였다. 나는 속으로 제발 저 선배만 피하게 해 달라고 빌고 또 빌었다.

이럴 수가. 피하고 싶던 선배는 나와 같은 분석연구 2팀인 이은영 선배(한미약품 연구센터 분석연구팀 책임연구원, 『세상을 바꾸는 여성 엔지니어』11권 저자)였다. 그 당시 한미약품에서는 신입 직원들의 원활한 회사 적응을 위해 멘토 · 멘티 프로그램을 진행하였는데 은영 선배는 나의 멘토였다. 같은 팀도 모자라 거기에 멘토까지…. 하늘이 날 버린 것만 같았다.

하지만 우려는 현실과 달랐다. 나의 멘토는 내가 생각했던 것과는 달리 마음이 따뜻하고 정이 많았다. 물론 내가 실수를 할 때는 눈물이 날 정도로 엄격했다. 한미약품을 퇴사한 지 10년이 지났음에도 불구하고 지금까지도 꾸준히 연락하는 고마운 멘토이다. 지금 내가 『세 · 바 · 여』19권 원고를 쓸 기회를 얻은 것도 나의 멘토 덕분이다.

대학원 석사 과정 중 분석화학을 세부 전공으로 선택하여 물질 분석에 대해 체계적이고 심도 있게 이론을 배우고, 환경부와 식약처의 국책 과제에 참여하면서 환경 시료(하천수, 폐수 등)나 식품에 잔류하는 약물 분석에 대해서는 자신 있었다. 하지만 신약 개발 물질이 체내에서 어떻게 흡수·대사·분포·배설되는지 약물이 투여된 동물의 혈장, 소변, 대변, 조직 등을 분석하고 약물의 거동을 해석하는 것은 내가 경험해 보지 못한 새로운 분야였다.

회사에 보탬이 되는 인재가 되기 위해서는 주어진 업무 수행과 동시에 업무에 방해되지 않는 선에서 약물동력학과 관련된 공부를 하면서 업무 역량을 길러야 했다. 하지만 아는 만큼 보인다고, 내가 모르는 분야를 공부하려니 어디서부터 무엇을 시작해야 할지 몰라서 막막하기만 했다. 이때 큰 도움을 준 사람이 바로 나의 멘토였다.

멘토는 체내에서의 약물 거동에 대한 이론과 생체 시료의 분석 방법은 물론이거니와 회사 생활에 대한 전반적인 것을 아낌없이 알려 주었다. 지금 생각해 보면 3년간의 한미약품 연구센터에서의 연구원 생활은 업무적으로나 인간적으로나 내가 한층 더 성장할 수 있었던 가치 있고 의미 있는 시간이었다.

내 가치는 내가 만든다

한미약품에서 3년간의 경력을 쌓고, 2012년 9월에 대검찰청 과학수사부로 이직하여 현재까지 근무 중이다. 대학원 석사 과정을 하면서 습득했던 화학분석 이론과 약물이 체내에서 어떻게 흡수·대사·분포·배설되는지 동물의 혈장, 소변, 대변, 조직 등을 분석하고 약물의 거동을 해석했던 한미약품에서의 업무 경험은 마약 감정관으로서 업무 수행을 할 때 큰 도움이 되고 있다.

현재 내가 소속된 과는 디엔에이·화학분석과이며, 나는 보건연구 직렬의 연구사이다. 주된 업무는 마약 복용 검사와 다양한 압수물 중 마약 성분의 진위를 확인하는 검사이다. 마약 복용 검사는 혐의자의 소변, 모발 등의 생체시료를 이용하여 검사한다. 필로폰, 대마, 엑스터시와 같은 투약된 마약이 체내에서 대사되어 체외로 모약물과 대사체의 형태로 배설되는데, 이 모약물과 대사체를 검출하여 마약 복용 여부를 판정한다.

마약 성분의 진위를 확인 검사는 고체(결정체, 가루 등), 액체, 의약품 형태(정제, 캡슐 등), 일회용 주사기, 식물(대마초, 양귀비 등)에서

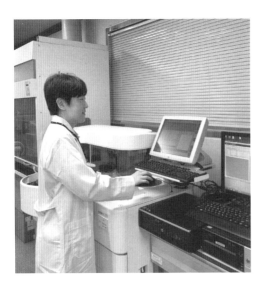

마약 복용 여부를 확인하기 위한 소변 실험

포함된 마약의 종류를 확인하는 검사이며, 경우에 따라 전체 감정물 중 특정 마약의 함량이 어느 정도인지를 측정하는 순도측정도 한다.

또한 신속하고 정확하게 마약을 분석하기 위한 새로운 감정 방법을 개발하고, 개발된 신기술을 실무에 적용하고 차별화된 감정서비스를 제공하여 감정 역량을 강화하는 것을 목표로 한다. 그 밖의 업무로는 마약 감정 업무에 생소한 사람들에게 마약 감정실을 소개하는 업무도 있다.

대검찰청에 입사한 후 11년이라는 시간은 마약 감정뿐만 아니라 대부분의 회사 업무에 익숙해지기에 충분했다. 초등학교 입학한 아이를 돌보기 위해 1년간의 육아 휴직 후 복직을 했을 당시, 마치 어제 출근했던

베트남 호치민 당위원회 방문(2018년)

사람처럼 익숙하게 시료를 처리하고 감정 장비를 작동시키는 내 모습을 보고 이 일은 나에게 천직이라는 생각이 들었다.

주변 사람들에게 직장 생활 시작 후 3년 단위로 권태기가 온다는 소리를 많이 듣는다. 하지만 나는 지금의 업무에 큰 권태기를 느끼지 못했다. 오히려 마약 감정과 관련된 업무 역량을 늘리고 싶은 욕심이 생기곤 했다.

나의 가치는 스스로 높이자는 생각으로 2020년 3월부터 경성대학교 대학원 약학과에서 약품분석을 세부 전공으로 박사 학위를 시작했다. 직장 생활과 병행하면서 박사 학위를 이수하는 것은 결코 쉽진 않았지만, 시작을 했으니 끝까지 해 보겠다는 심정으로 이를 악물었다. 결국 3년 만에 박사 학위를 끝마쳤다. 박사 과정 동안 마약 감정 역량을 강화하였고, 신규 마약의 감정기법 개발을 위한 체계적이고 독창적인 실험 설계를 할 수 있었다.

글을 마무리하며

알버트 아인슈타인은 "성공한 사람보다는 가치 있는 사람이 되려 하라."라고 말했다. 나의 가치는 다른 사람에 의해 생성될 수 없다. 그래서 언제 어디서 무엇을 하든 스스로 최선을 다해 노력해야 한다. 자신의 가치를 차곡차곡 쌓다 보면 언젠가는 목표한 목적지에 도달할 수 있지 않을까 생각한다. 나 역시 내 가치를 한 단계 더 높이기 위해 한 아이의 엄마로서, 한 사람의 아내로서, 회사의 구성원으로서, 모임의 구성원으로서 항상 애쓰고 있다.

　나와 같은 길을 가고 있는 후배가 있다면 이야기해 주고 싶다. 타인이나 상황에 좌지우지되지 않고 열정적인 노력을 할 때 진정한 가치를 얻을 수 있고, 결국은 자신을 미소 짓게 할 것이라고 말이다.

버티다 보니
내가 되었다

이 나 래

한국과학기술기획평가원 선임전문관리원

아주대학교 기계공학과에서 학사 학위를 취득한 후, 삼성전자 생산기술연구소에서 1년 반 동안 로봇엔지니어로 근무하였다. 퇴사 후, 서강대학교 과학커뮤니케이션학으로 석사 학위를 취득하여 2017년부터 한국과학기술기획평가원에서 근무 중이다. 재직 중에 고려대학교 과학관리학 박사 수료를 마쳤고, 저서로는 공저 『디지털 테라포밍』(2021)이 있다. 현재 국가전략기술 첨단로봇 · 제조 분야 PM으로 정책기획을 담당하고 있다.

공부가 싫었던 고등학생

고등학교 1학년까지는 우등반에 들어갈 수 있을 정도로만 공부를 했다. 우등반은 점심시간에 밥을 10분 더 일찍 먹는다는 실용적 이유에서였다. 우연히 발명반 동아리를 알게 되었는데, 웬걸. 특별활동을 이유로 수업에 참여하지 않아도 되고, 외부 행사가 있는 날은 아예 학교를 안 가도 되고, 해외에 한국 대표로 참가도 할 수 있다는 게 아닌가? 놀기 좋아하는 나에겐 딱인 동아리였다.

동아리 활동을 하며 미국에는 두 번 한국 대표로 참여한 적이 있는데, 그중 한 대회가 로봇 대회였다. 국제 로봇 대회에서 프레젠테이션 상을 받았다. 이 덕에 우리 엄마는 YTN에서 인터뷰까지 했으니, 이 정도면 효도 완성했다는 철없는 생각을 했다.

기계공학과가 싫었던 대학생

기계공학과에 입학한 것은 우리 아빠의 단호한 권유에서였다. '공대 갈 거니? 그럼 기계공학과를 가야지.' 고등학생은 아는 게 없다. 그렇게 입학한 기계공학과에서의 대학 생활은 꽤나 고됐다.

기계과가 완전한 남초 사회였기 때문이다. 고등학교 때까지도 남녀 합반으로 같이 노래방 다니던 남자 친구들과 대학에서 만난 남학생들은 확연히 달랐다. 더군다나 150명 동기 중에 여자는 3명뿐이었으니, 학교에서 나와 교류할 수 있는 절대적 인원이 부족했다.

선후배 간의 연이 끈끈하지 못했던 것도 이유 중의 하나였다. 남자들은 군대라는 공동체를 통해 서로 간의 조언, 격려, 걱정을 나누었지만 여자들을 모을 수 있는 요소는 없었다. 사실 필요성을 못 느꼈기 때문이라는 게 더 정확하다. 공동체의 소속감과 편리함은 경험이 되고, 대를 이어 보존하게 된다. 그것이 남성 집단들의 힘이며 우리에게 부족한 단 한 가지라고 생각한다.

엔지니어가 싫었던 직장인

공채 시즌의 신호탄을 알리는 기업은 삼성전자이다. 우수한 인력을 미리 확보하려는 이유도 있겠으나, 나같이 더 이상의 취업 준비가 귀찮은 학생도 뽑아 갔으니…. 하나는 얻고 하나는 잃은 정책이라 평하겠다.

삼성그룹 연수 때부터 기술영업이나 마케팅 직군을 희망한다고 선포하였다. 전공에 자신이 없었기 때문에 엔지니어만 피하자는 마음이었다. 삼성전자 연수가 끝나는 날 배치받은 곳은 생산기술연구소였다. 함께 교육받은 동기들은 무척이나 부러워했지만 청천벽력이었다. 연구소에는 기술영업도, 마케팅도 없다. 그야말로 전공으로 똘똘 뭉친 석박사 선배들이 가득한 곳이었다.

로봇시스템그룹 기구설계 파트로 배정받았다. 파트장님은 삼성전자 최초의 여자 로봇기구 엔지니어라고 박수를 쳐 주셨지만 나는 떨고 있었다.

회사에서의 업무는 비교적 간단했다. 세계 최고의 로봇기술을 만드는 것이다. 나의 위치도 비교적 단순했다. 24살 학사 신입, 내 위로 10명은 모두 30대 이상, 석박사 엔지니어들. 업무 소통도 불가했고, 인간적인 소통도 불가했다.

회사에서 상무님에게 들었던 말이 있다. '나래 연구원은 시집 빨리 가겠어.' 일에 적응하지 못한다는 면박이었다. 그때도 분했지만 사회생활 10년 차를 향해 가는 지금이 더욱 분하다. 이 문장이 얼마나 많은 여성들을 집에 가두었을지, 그 아저씨는 상상도 못 할 것이다.

1년 반을 버티다가 퇴사했다. 후일담을 들어 보니 로봇 대회 수상 경력 때문에 발탁된 것이라고 했다. 아, 공부 안 하려다가 결국 이런 결과를 맞이하는구나. 세상은 공평했다.

공부가 싫은 고등학생이 자라면 대학원생이 된다

사수는 퇴사 결정을 막지는 않았지만, 어디든 적(適)을 두고 회사를 떠나야 한다고 했다. 제주도에서 글쟁이로 먹고 살겠다고 다짐하고 있었을 때였다.

은사님을 만나러 갔다. 전공을 버리기엔 아깝고, 살리기에는 어려운 나에게 과학커뮤니케이션 과정을 추천해 주셨다. 흔히 '과컴'으로 불리는 우리 학과는 과학과 사회를 잇는 STS(Science, Technology and Society)학과이다. 문과생이 되어 다양한 논문을 리뷰하고 방법론을 깨치는 것이 생각보다 적성에 맞았다.

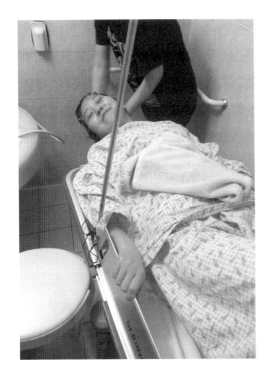

수술 후 처음으로 감는 머리

졸업을 앞두고 원하던 대기업 기술영업직군 면접만을 앞둔 어느 날, 사고를 당했다. 자전거를 타고 가다가 차에 치여 병원에서 한 달 반을 누워 있었다. 허리골절, 허리디스크, 목디스크의 격한 고통으로 마약성 진통제로 하루하루를 버텼다. 이번엔 꽤나 노력했는데 이런 결과를 맞이하는구나. 세상은 불공평했다.

일단 돈을 벌자

죽을 위기를 넘기고 나서였을까. 꼭 대기업에 정규직으로 취직하지 않아도 된다는 생각을 하게 되었다. 살아 있는 게 중요했고, 돈 버는 게 중요했다.

2017년 1월 한국과학기술기획평가원 제도혁신센터에 위촉연구원으로 입사했다. 대학원 시절 선배의 권유로 한 달간 아르바이트를 했던 곳에 공고가 나온 걸 보고 아무 생각 없이 지원했고 합격했다. 다음 해 4월 문재인 정부의 고용 불안정 해소 정책으로 정규직 전환이 대거 이루어졌고 이 흐름에 뛰어들었다. 나는 무기계약직 신분으로 평생직장을 갖게 되었다.

많은 사람들이 전공과 직장이 무관하다고 말한다. 그러나 나는 공대 졸업 후 엔지니어로 일했고, 과학커뮤니케이션 석사 졸업 후 정책 기획을 하고 있다. 해당 학과를 졸업하지 않았다면 얻지 못하는 직장들이다.

혹시 학위를 하나 더 얻게 되면 새로운 도전을 할 수 있지 않을까 생각했고, 정규직 전환 다음 해에 고려대학교 과학관리학 박사 과정의 문을 두드렸다.

코로나19로 인해 학위 수료 과정은 비교적 간단했다. 통학 시간이 필요 없어졌고, 팀 과제도 확연히 줄었다. 2년이라는 짧은 집중을 통해 박사 과정을 수료했다. 그리고 내 소식을 들은 지인에게서 연락이 왔다.

"나래야, 우리 책 써 볼래?"

사람은 변하지 않는다

현 직장의 아르바이트를 소개해 줬던 언니였다. 사실상 언니 덕에 이 회사를 알게 되었으니 어찌 보면 또 다른 은인이기도 했다. 언니가 나를 공동집필자로 선택한 건 간단했다. 아르바이트 시절에 나의 경력을 알게 된 언니와 로봇-비니지스 생태계로 정책공모전에 참가한 적이 있기 때문이다. 좋은 결과로 국회에서 상을 받기도 했다. 언니는 나를 기술전문가로 생각했다. 나도 어쩌면 내가 기술전문가일 수 있다고 생각했다.

주제는 메타버스였다. 트렌드에 메타버스가 올라갔을 때였다. 메타버스 로드맵 원본을 독자들이 편하게 이해할 수 있는 수준으로 재가공했다. 처음 제안받았을 때는 카페에서 멋지게 작업하는 모습을 그렸다. 그러나 원고 마감일이 다가왔을 때의 내 모습은 시험 기간 벼락치기에 괴로워하던 모습과 똑같았다. 사람은 변하지 않는다.

메타버스 전문가 이나래

우리나라 성인 10명 중 6명은 1년간 책을 한 권도 읽지 않는다고 한다. 그 덕에 신간인 『디지털 테라포밍』은 제레미 리프킨의 『노동의 종말』보다 높은 순위를 기록할 때도 있었다. 매일매일 알라딘 앱에 들어가서 책 순위를 캡처하는 것이 취미가 되었다.

공저 『디지털 테라포밍』

   얼마 뒤 언론사에서 포럼의 기조연설을 맡아 달라는 의뢰가 왔다. 다소 부담스러웠지만 망하면 흑역사, 성공하면 커리어 연장이니 섭외에 응했다. 유튜브로 생방도 되는 포럼이라 링크는 오직 엄마께만 공유했다. 웬걸, 생각보다 난 라이브에 강한 타입이었다. 시나리오에 없던 사회자의 갑작스런 질의에도 적정한 대답을 했다.

   포럼에는 2명의 개회사, 1명의 사회자, 5명의 기조연설 및 강연자가 있었는데 여기서 여자는 사회자인 고란 대표님, 나 두 명이었다. 8명 중에 2명이면 25%이니 현실보다는 조금 나은 수치라고 볼 수 있을까?

2022 ST 미래포럼에 초대받아 기조연설을 하는 모습

이후에는 우리 원에서도 메타버스 브리프를 썼고, 이력을 바탕으로 기계·로봇 관련 전문가 협의체에서 과제 평가도 진행하였다. 과제 평가 시의 여성 비율은 10% 미만이었다. 기계과의 특성이라고도 볼 수 있겠지만, 다른 공학계열에서도 20%를 넘기는 어려울 것이다.

일단 버티는 사람이 이긴다

모험심은 강하지만 지구력은 약하다고 생각했다. 다시 생각해 보니 고등학생 때 여름 방학 보충 수업에 모조리 불참해서 10대를 내리 맞았을 때 눈물을 끝까지 참았고, 대학생 때는 청양고추 먹기 대회에서 1등을 했다. 그리고 산티아고 순례길 800㎞를 35일 만에 완주했다. 지구력이 약한 게 아니라 과소평가하고 있었던 것이다.

커리어도 마찬가지이다. 대학 생활이 힘들었어도 4년 만에 휴학 없이 졸업했고, 작년에는 신입생을 위한 홍보 영상의 주인공을 의뢰받았다. 졸업 전에 취직한 첫 회사가 마음에 안 들었지만 최대한 버텼고 대학원을 갔다.

산티아고 순례길을 완주하다

또 두 번째 회사는 계약직으로 시작했지만 결국엔 정규직이 되었다. 회사에 다들 박사뿐이라 나도 박사 학위를 밟는 수밖에 없었다. 회사에서 각종 민원에 시달리며 쓰러진 적도 있지만 그냥 일했다. 하다 보니 지금은 다시 로봇전문가가 되었다.

버티다 보니 나를 설명할 수 있는 단어들이 생겼다. 여자, 결혼, 아이가 아닌 로봇, 메타버스, 전문가로 설명할 수 있는 나를 사랑한다. 같은 길을 걸어갔던 선배를 마음 깊이 존경한다. 또 다른 길을 걸어갈 후배를 응원한다. 세상의 모든 곳에서 여자들이 의견을 표출하기를 기원한다.

배움과 차별점, 기회,
성장의 Growth Flywheel

이영은

AWS(아마존웹서비시즈) 코리아 공공부문 시니어 파트너 매니저

1996년 대기업에 입사하여 대졸 여성이 흔치 않던 금융 계열사에서 근무하면서 남성 중심적인 업무 환경에 자극받았고, 여성 엔지니어로서 최고의 기술 전문성을 인정받고자 기술사 자격증을 취득하였다. 이후 개발과 운영 경험을 바탕으로 공공기관과 기업을 위한 정보화전략 컨설팅 사업을 거쳐, 클라우드라는 새로운 사업을 기획하고 사업팀을 이끌었다. 이 과정에서 경영 이론과 혁신의 고객가치에 대한 업무적 관심이 연구로 이어져 경영학 박사 학위를 취득하였다. 저서로는 『DIGITAL LEADER를 위한 IT FRAMEWORK』(공저)가 있다. 컨설팅과 클라우드 비즈니스를 시작하고 안착시킨 경험을 바탕으로 현재 아마존웹서비시즈(AWS)에서 파트너들의 비즈니스를 클라우드로 변화하는 것을 지원하고, 공공기관과 협력하여 국내 중소솔루션 기업의 해외 진출을 돕는 협력 사례를 만들어 가고 있다.

막연한 설렘으로 과학자를 꿈꾸다

이제 나이 50세가 되었지만, 미래 직업을 꿈꾸던 초등학교 어린 시절로부터 이야기를 시작하고 싶다. 어릴 적부터 나에게 연구와 발명에 미친 연구자는 매력적인 인물들이었고, 새로운 것으로 발현되는 물리적, 화학적 현상들은 나에게 마술과도 같았기에 무엇을 하는지도 정확히 몰랐던 '과학자'라는 직업을 꿈꾸게 되었다.

이런 꿈은 30년 가까이 되는 시간 동안 IT가 우리의 일상을 바꾸고, 아직까진 없었던 방식을 시도할 때면 어느새 눈이 초롱초롱 해지고, 내면에서 '재미있겠는데…?'라는 설렘의 원천이 되었던 것 같다. 아마 이 이야기를 읽고 있는 여러분들도 새로운 기술에 감탄하고, 어떻게 우리 일상에 영향을 미칠 수 있을까 고민하는 시간이 너무나 즐거운 분들이 많으리라 생각한다.

사실 나는 내가 이과와 문과를 선택해야 했을 때부터, 딱히 무엇을 해야겠다는 것을 목표로 하지는 않았던 것 같다. 하지만 어릴 적 막연한 과학자라는 꿈은 무엇인가 고귀한 일이었기에, 이과를 선택하고 전공을 선택할 때에도 당시 첨단기술이었던 전자계산학을 자연스럽게 선택하였고 무엇인지 몰랐기에 더욱 설렜던 것 같다.

하지만 내가 입학하던 92년만 하더라도, 우리 주위에서 Personal Computer를 접해 볼 기회조차 없이 입학하던 때였고, 창피하지만 나도 제대로 된 이해 없이 1학년을 시작하게 되었다. 30년 이전인 그때는 컴퓨터실에서 14인치 검은 창만 존재하는 화면에서 코딩을 하고, 프린트하여 과제를 제출하던 때였다.

학창 시절에는 내가 무엇을 하고 있는지, 또 나의 배움이 어떤 어떻게 쓰일 수 있는지도 몰랐고, 새로운 개념과 '첨단 기술'이라는 막연한 기대와는 다르게 노동과 같이 느껴지던 코딩에 실망감을 느꼈다. 나이게 맞는 길일까, 선생님을 준비해 보기도 하고, 개발이 아닌 IT 전략 컨설턴트가 되어야지 하는 겉멋에 빠진 시절이었던 것으로 기억된다.

이상주의자에서 진정한 여성 엔지니어로 변화를 시작하다

다행히도, 전공을 살려 산업 현장에서 경험을 쌓을 수 있는 기회를 얻게 되었다. 학점을 채우는 데 급급했던 나의 학교 과정은 나에게 크게 도움이 되움이 되지 않았다. 더구나 내가 수업 중 제일 싫어하던 COBOL은 금융권 시스템 업무를 맡았던 나의 주된 기술이 되어야 했고, 2만 라인의 소스를 한 줄 한 줄 읽어 가며 점 하나(COBOL 언어는 마침표(.)로 로직이 분기되는 특성을 가짐) 놓칠까 봐 읽고 또 읽으며, 선배들의 질책에서 실수를 깨닫고, 종종 사고를 치며, 실험실 연구자처럼 코드라인에 빠져 있던 시절이 있었다.

여러분도 유튜브나 SNS 짤에서 보았을지 모르지만, 30년 전 기업 환경은 여성에게는 굉장히 열악한 상황이었다. 나는 여대를 나와 모든 일을 여성들이 주도적으로 해 나가는 것에 익숙해져 있었는데, 발령받은 부서에는 최초 여성 대졸 직원이었던 것이다.

남자 직원들은 대졸 여성 직원과 어떻게 일하고 무엇을 시켜야 하는지도 익숙하지 않았고, 나는 여성 전문직으로서의 역할과 위상을 찾기 위해 많은 고민과 좌충우돌에서 미숙한 실수와 함께 성장할 수 있었다 (정말 재미 삼아 아직도 종종 여자 후배들에게 당연히 여직원이 커피를 타서 손님을 대접하던 시대의 에피소드를 들려주곤 한다). 어떻게 보면 이렇게 전투적으로 달려들던 나의 태도 덕분에 최초의 웹서비스 프로젝트에 선발되었고, 메인프레임(Mainframe) 환경에서 객체지향(Object Oriented)으로의 변화에 대한 동료들과의 열띤 토론과 연구를 통해 기술로 리딩하는 여성 엔지니어로 변화하는 계기가 되었다.

차별성과 전문성을 키우다

그렇게 몇 년간 금융권 시스템을 운영하면서 나는 점점 나의 부족함을 느꼈다. 내가 보는 기술이 내가 나아갈 IT 세상에서 얼마나 될까, 우물 안 개구리가 되는 것은 아닐까라는 걱정과 미래에 대한 불안감이 밀려왔다. 더 많은 경험을 하고 싶었던 나에게 밖으로 나가서 무기가 될 수 있는 것이 필요했고 '기술사'라는 자격증을 도전해 보기로 결심했다.

약 2~3년간의 준비 기간 동안 대학 입시 때보다도 합격이라는 목표의식이 뚜렷했고, 학창 시절 등한시했던 컴퓨팅 원리부터 IT 기술과 역할을 훑어볼 수 있는 시간을 보냈다. 변화하는 기술 속에서도 원천적인 구조에 대한 인사이트(insight)를 얻을 수 있었고, 무엇보다 나와 기술로 세상을 보는 시각이 맞는 엔지니어들과 네트워크를 만들어 아직까지도 나에겐 큰 힘이 되고 있다(발전은 느리고 끝이 보이지 않던 이 기간 동안 나는 군대 생활을 직접 해 보진 못했지만, 군대만큼 모든 개인적 활동을 제한한 인고의 준비 시간에서 오는 퀀텀 점프급 성장의 기회가 되었다고 빗대어 이야기하곤 한다).

여러 공공사업에 참여하게 된 나는 기술에 있어 큰 맥락에서는 두려움이 없어졌지만, 산업과 경영 관련 지식에선 자신감이 떨어지던 시절이다. 이제, 기술 차별점에서 비즈니스 역량으로 차별화할 수 있는 시기였고 '비즈니스를 모를 것이라는' 엔지니어에 대한 인식의 한계를 넘기 위한 지식과 경험의 자신감이 필요했다. 개인적으로도 하버드비즈니스 리뷰와 같이 혁신 사례, 마케팅 기법에 대해 관심이 높아지던 시절이었다.

나는 한참 국가 대형 프로젝트에 참여하면서 여유는 없었지만 배우고 싶다는 열망이 커졌고, 야간 MBA에 등록하여 여러 분야에서 리딩을 하고 있는 동기들과 경험을 나누고 배울 수 있는 기회를 얻었다. 아마 MBA 과정을 잘 알았다면 도전할 엄두조차 내지 못했겠지만, 나는 열망의 에너지로 큰 고민 없이 저지르는 경우가 종종 있었고 이 경우도 마찬가지였다. 프로젝트 팀원들은 야근마저도 마치고 퇴근한 시간, 수업을 끝내고 들어와 업무 상황을 체크하고 내일을 준비하는 힘겨운 시간을 버텨 냈고, 동료들의 도움도 큰 힘이 되어 주었다.

배움을 통한 준비로 새로운 기회가 열리다

이렇게 경영에 대한 이해도가 높아지고, 업무 경험의 한계를 정규 교육과정에서 보완하고 나니, 비즈니스를 이해하는 엔지니어로 자신감이 커졌다. 사업을 기획하고 시장에 진출하는 전체적인 사이클을 배우고, 사례 연구를 하다 보니 나도 새로운 사업을 만들어 키워 보고 싶다는 욕심이 생겨났다.

정말 준비된 사람들에게 기회가 주어지는 것인가? 클라우드라는 새로운 시장이 열리고 있었고 온디맨드(on-demand)라는 비즈니스 모델에 대기업들이 나름 준비하기 시작하면서 나에게 이를 리딩할 수 있는 기회가 주어졌다. 실패 위험도 높았고, 아무도 길을 알려 주지 못할 처음 가는 길이었지만 컨설턴트로 가이드를 넘어 오너십(ownership)을 가지고 실험해 보고 싶었던 마음에 주저 없이 시도해 보기로 결정했다.

시장과 템포를 맞추고 다양한 시도를 해 가며 나는 혼자서는 해 보지 못할 성공과 실패가 혼재된 시간을 거쳤고, 지금 이 회사에 이르러 내가 파트너사에 있을 때의 경험을 활용하여 우리의 파트너들의 상황에 맞는 조언과 지원을 할 수 있게 되었다.

어느새 새로운 곳에서 또 다른 성장을 꿈꾸다

가장 최근의 나의 성장을 위한 배움의 투자를 공유한다면, 내가 30여 년간 믿어 오고 추구했던, IT가 가져오는 비즈니스의 혁신적 가치를 증명하기 위한 부분이다. 기술의 가치에 대한 현장의 끊임없는 의구심을 어떻게 해소할 수 있을지 맞닥뜨리면서, 석사 과정을 끝내고 10년 만에 박사 과정에 도전하게 되었고, 여기서 학문적 전문성과 나의 직업적 전문성을 통합하는 시간을 가질 수 있었다.

내가 비즈니스 세상에서 생각한 가설과 데이터를 수집하고, 기존의 연구자들의 연구에 더해 나의 가설을 설명하고 확인하는 시간은 학자와 직장인 간의 경계가 무너지고 있는 세상에서 각각의 시각을 이해하고 연결할 수 있는 경험(자신감)을 가지게 되었고, 앞으로도 이런 전문가적 시각으로 엔지니어가 바꿀 수 있는 가치를 보여 주고자 한다.

긴 시간에 걸친 나의 성장 과정이 이 글을 읽는 여러분에게 거리감을 만들 수 있겠지만, 뒤돌아보면 나에겐 30년이 주마등처럼 지나갔다고밖에 말할 수 없고, 배움에 열정이 없던 학창 시절에서 시작된 엔지니어라는 커리어(Career) 시작이 현장의 한계를 극복하기 위한 자발적 배움으로 여기까지 성장해 왔다. 지금도 현재가 나의 커리어의 완성작이라고 생각되지 않아 부족함을 느끼고 항상 성장을 갈구하는 나는, 이렇게 글로 내 경험을 선배의 사례로 공유하는 것이 겸연쩍게 느껴지기도 한다.

하지만 오늘 내가 이야기하기로 마음먹은 것은 내가 지나온 길을 제시하기 위함이 아니라, 내가 그 과정에서 느꼈던 부족함, 불안감, 경험에서 노력이 이끄는 다양한 길을 보여 주고, 여러분의 도전하는 열정에 응원의 메시지를 주고 싶었기 때문이다.

나는 아마존웹서비스(Amazon Web Services)에 입사하여, 궁금해하던 아마존의 혁신의 비결에 대해 공부하고, 혁신의 방법론이었던 거꾸로 일하기 워크숍(Working Backward Workshop)을 고객사에 진행해 오고 있다.

나는 이 워크숍을 진행하면서 기업뿐 아니라 우리 개인들에게도 활용할 수 있는 방법 중 하나가 성장 플라이휠(Growth Flywheel)이라는 점을 종종 언급한다. 이는 나의 핵심(core) 가치는 무엇이며 어떻게 성장시켜, 내가 지속적으로 성공하는 바퀴를 만들 것인지 그려 보는 것이다.

나도 어떤 꿈과 목적을 가지고 계획적으로 준비한 것은 아니지만, 나의 기술이 가져오는 변화에 대한 호기심이 배움으로, 배움이 차별적인 경쟁력으로 인식되고 새로운 기회로 연결되어 성장할 수 있었다고 자신 있게 말할 수 있다. '이영은'이라는 나의 성장 플라이휠이라 할 수 있다. 여러분들도 자신만의 성장 플라이휠을 그려 보길 바란다.

나도 앞으로 여러분과 같이 어릴 적 꿈꾸던 과학자의 끊임없는 실험처럼, 다양한 도전과 경험으로 성장을 이어 가고 싶다. 언젠간 또다시 여러분께 내가 배운 이야기를 들려주길 바라본다.

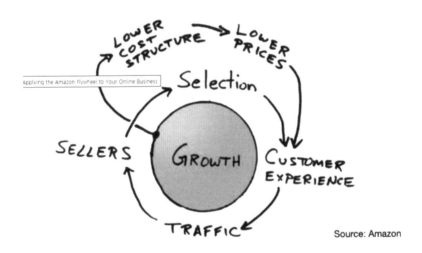

N번째 우물을 파는
제너럴리스트

박 미 리

㈜미래와도전 기술사업부 차장

서울여자대학교 정보보호공학과에서 학사 학위를 취득한 후, 2010년에 원자력 전문 컨설팅 회사인 ㈜미래와도전에 입사하여 정보관리팀, 보안관리팀, 전략기획부, 사업관리부 등의 부서에 소속되어 다양한 실무 경험을 쌓았다. 현재는 기술사업부 차장으로 재직 중이며, 회사 보유기술의 부가가치 창출을 위한 사업화 전략 · 기획 업무를 수행하고 있다.

이야기를 시작하며

내 이야기는 다른 일반적인 여성 엔지니어의 사례와는 조금은 다를 수 있겠다는 생각이 든다. 지금까지 한 직장에서 일관적이지 않은 다양한 업무들을 경험하였으며, 심지어 지금도 새롭게 부여될 업무를 기다리고 있는 중이다.

"승리의 횟수는 도전의 횟수보다 결코 많을 수 없다."라는 말처럼 성공하기 위하여 더 많이 도전하라. 혹시 지금 하고 있는 공부가, 또는 일이 적성에 맞지 않더라도 세상에 의미 없는 경험은 없으니 희망을 가지시길 바라본다.

우물을 찾아다니다

나의 어린 시절은 부모님 말씀에 순종하는 착하고 평범한 아이였다. 교육열이 높으신 아버지 덕분에 초등학교 시절부터 영어와 수학 과외를 받으며 '성문 기초영문법'과 '수학의 정석'을 선행 학습하였다. 교과 이외에도, 수영, 발레, 미술, 피아노, 검도 등 다양한 예체능 분야의 학원도 다녀야 했기에 내 인생에서 가장 바쁜 시기를 보냈었다.

이러한 노력으로 인해 초등학교 4학년 때 전 과목 만점을 받으며 전교 1등을 하는 인생의 성취감도 일찍 맛볼 수 있었다. 하지만 이후 급격하게 공부에 흥미를 잃어 학업을 소홀히 하게 되었다. 특히 컴퓨터 게임에 심취한 나머지, 부모님 몰래 게임을 하다 걸려서 혼나기도 했었다.

그래서 대학생이 되면 무조건 좋아하는 컴퓨터를 실컷 할 수 있는 컴퓨터공학과에 진학해야겠다고 결심했었다. 더군다나 내가 대학교를 입학한 2002년 무렵의 컴퓨터공학과는 수험생들에게 인기가 높은 학과였기에 전공 선택에 큰 고민을 하지는 않았다.

하지만 대부분이 그러하듯 취미와 학업은 전혀 달랐고, 별다른 고민 없이 전공을 선택한 대가로 계절학기까지 열심히 수강하고 나서야 힘겹게 대학교를 졸업할 수 있었다.

우물을 찾다

졸업을 한 후에는 진로에 대한 고민은 있었지만 막상 내가 좋아하는 것이 무엇인지, 무엇을 잘할 수 있는지 해답을 찾지는 못했고, 나를 필요로 하는 회사에서 무엇이라도 할 수 있겠다는 막연한 생각만 있었다.

그러던 중 소개로 서울대학교 내에 위치한 원자력 전문 벤처기업에 면접을 보게 되었다. 당시에 원자력은 단어조차 생소했기 때문에 면접에 응시하기 전 원자력과 관련된 자료를 찾아보았던 기억이 난다. 실제 면접에서는 학부 전공 분야에 대해서만 몇 가지 질문을 하셨었다.

결과적으로, 면접 며칠 후 합격 통보를 받고 직장 생활을 시작하게 되었다. 입사 후에는 다른 직원들에 비해 훨씬 다양한 분야의 업무를 수행하게 되었다. 취업에 별생각이 없었던 시절과는 다르게 막상 입사를 하게 되니 무엇이든 잘 해내고 싶었고 열심히 해서 인정을 받고 싶은 욕심이 생겼다.

우물을 직접 파다: N번째 우물 파기

　입사하고 처음에는 정보보호공학 전공자로서 정보관리팀에 소속되어 주로 회사 전산 서버 관리와 원자력 관련 IT 업무에 투입되었다. 최근에는 원자력 분야에서도 AI, 빅데이터, 사물인터넷 등 최신 IT 기술이 적극 활용되고 있으나, 당시에는 대부분의 IT 업무가 원자력과 관련된 해석 및 그 결과를 전산화하는 프로그램을 개발하는 것이었다.

　이러한 업무의 일환으로, 고리 1호기, 영광 5·6호기, 울진 5·6호기 원전(원자력발전소)의 리스크 정보를 활용한 격납건물종합누설률시험(ILRT) 주기연장 및 전 원전 소외리스크 평가 시스템을 구축하는 "경수로원전 격납건물 종합누설률시험 주기연장 및 리스크 평가 시스템 구축" 프로젝트에 참여하게 되었다. 이 과정에서 대학교에서 배웠던 지식을 토대로 늦은 시간까지 많은 참고 자료를 탐독하여 문제의 원인을 분석하고 해결하는 것에 만족을 느끼며 업무를 했던 것 같다.

　신입 직원일 때는 비교적 난이도가 낮은 업무를 주로 수행하여 신경 쓰지 않았지만, 3년 차가 되면서부터 내가 IT 업무를 하는 것이 과연 회사에 도움이 될까라는 생각이 들기 시작했다. 개인적으로는 IT 이외의 다른 분야에서 나의 역량을 더 드러낼 수 있겠다는 생각이 들어 사장님께 조심스럽게 말씀을 드렸다.

　그 후, 사장님께서는 전략기획부 업무를 해 보는 것이 어떻겠냐는 의외의 제안을 하셨고, 2013년부터 해당 부서에 배속되었다. 전략기획부의 소관업무는 기획·인사·법률·사규·대외행사·홍보 등이었으며,

그중 가장 중요한 것은 대표이사 지시 사항 이행 및 기획 업무였다.

당시 회사는 지속 가능한 발전을 위해 사업 분야의 다각화를 모색하던 시기로, 대표이사의 지시에 따라 계획을 수립하고 이를 실행하는 업무가 동시다발적으로 발생하는 경우가 매우 많았다. 또한, 전략기획부 특성상 주로 원자력 분야의 정책·기획과 관련된 "수출용신형연구로 개발 및 실증사업 적정성 검토" 등의 사업과 원자력 및 IT와 관련된 "APR 1400 NRC 설계인증관리시스템 개발" 사업 등 다수의 프로젝트에도 참여하였다. 이외에도 보안관리팀까지 겸임해야 했기에 유례없이 정신없는 8년을 보내기는 했지만, 회사와 함께 성장해 간다는 보람도 함께 느낄 수 있었다.

전략기획부는 회사 전체의 기획 업무를 총괄하는 것이 고유의 직무이기 때문에 다양한 업무에 대한 지식과 더불어 종합한 자료들을 정확하게 분석하는 능력도 필요했다. 처음에는 나에게 주어진 업무만 열심히 해서 내가 담당한 분야에서만 전문가가 되면 충분하다고 생각했다.

하지만 해가 거듭될수록 내가 하고 있는 업무와 연계된 다른 업무에 대한 지식도 필요하다는 생각이 들면서 타 부서 업무에도 관심이 가기 시작했다. 특히, 회사의 주요 매출원인 프로젝트는 어떤 흐름으로 진행되는지, 회사의 재무 상태를 어떻게 분석하는지 등에 호기심이 생겼다.

그러던 중 사장님께서 경영조직 소속 인력들은 조직 내 다른 업무도 할 줄 알아야 하며, 각자가 업무에서 느끼는 고충을 서로 공유하라는 취지에서 조직 개편을 하겠다고 공표하셨다. 사실 나는 조직 개편 대상이 아니었으나, 다른 지식을 쌓을 기회가 왔다는 생각에 자발적으로 지원했다. 새로운 업무에 대한 걱정도 많았지만 이번 기회를 통해 다양한 경험을 해 보고 싶기도 하고 더 발전할 수 있을 것이란 기대감이 상대적으로 더 컸다.

그렇게 2021년부터 사업관리부 소속으로 업무를 하게 되었다. 용역과 과제의 세법상 구분도 모르던 나는 부서에 배정받자마자 약 30개의 프로젝트에 대한 관리를 담당하게 되었다. "안 되면 되게 하라" 또는 "하면 된다"라는 심정으로 프로젝트 착수, 수행, 종료까지 전 과정에 대한 프로세스를 익히며 업무를 처리했는데, 물리적으로 워낙 수가 많다 보니 정신없이 1년이 지나갔다.

2022년에는 회사의 필요에 의해 현재 근무하고 있는 기술사업부에 발령을 받아 또 다른 업무를 맡게 되었다. 동 부서는 여러 가지 외부적 요인으로 인한 원자력 산업의 변화에 대비하여 현재 주력 분야에 국한하지 않고 안정적인 먹거리를 확보하기 위해 신설되었다.

기술사업부에서는 최근 5년 내에 수행 또는 향후 2년 내에 종료 예정인 수백 건의 프로젝트 중 부가가치를 창출할 수 있는 기술을 평가·선정한 후 이에 대한 사업화 전략을 도출하는 업무를 주로 수행하였다. 다른 부서원들과 협력하여 소기의 성과를 달성하기 위해 노력하였으나, 현재 추진되고 있는 전사적 리빌딩 과정의 일환으로 곧 부서가 해체될 예정이다.

하지만 회사에서 나의 역할은 끝나지 않았고, 일상의 사소한 것들 모두 나의 스승인 만큼 훗날을 기다리고 기대하는 마음으로 다음 업무를 맞이하려 한다.

다음 우물은?

어느새 입사 14년 차가 되었고, 벌써 2024년도 절반이 넘게 지나갔다. 나는 곧 또 다른 조직인 미래에너지기술연구소로 발령을 받을 것이고, 그곳에서 연구소와 설비개발연구센터 관련 업무 및 기술사업화 업무를 수행하게 될 것이다.

지금까지도 꽤 다양한 일들을 해 왔다고 생각하지만, 어떻게 끊임없이 새로운 일들이 계속 생기고, 아직도 해 보지 않은 일들이 있는지 신기할 지경이다. 그럼에도 불구하고 분명한 것은, 회사가 생존 및 지속적 성장을 실현하기 위해 다양한 시도를 이행할수록 내가 해야 할 일들이 여전히 많이 남아 있다는 것이다.

다산 정약용은 규장각 안에서도 정조가 가장 총애하는 학자였다. 실학자로 알려져 있지만 정치와 법, 의학, 지리학, 언어학에도 조예가 깊었으며, 거중기와 녹로를 발명한 과학자이기도 했다. 훌륭한 제너럴리스트가 되기 위해서는 먼저 훌륭한 스페셜리스트가 되어야 한다. 스페셜리스트여도 다양한 분야에 대한 범용적인 지식과 경험이 필요하듯이 말이다. 특히, 요즘과 같은 시대에서는 온전한 제너럴리스트, 스페셜리스트는 존재하지 않는다.

직장 생활에서 가장 중요한 것은 회사가 나를 필요로 하고, 가치 있는 인재가 되는 것, 그리고 그 안에서도 나를 잃지 않는 것이 아닐까.

출발선은 서로 달라도, 그 종착지는 나의 노력과 실력에 따라서 결정할 수 있다. 인생을 살아간 결말에서의 책임은 오롯이 본인에게 있는 것이다. 미래의 모습에 대한 확신을 가지고, 조금 느리더라도 깊은 발자국을 내며 걷다 보면 어느새 내가 그리던 종착지에 도착해 있는 자신을 발견할 수 있을 것이다.

인생은 빨리 달리는 자가 승리하는 시합이 아니다. 지금 당장 출발점이 뒤쳐져 있다는 생각이 들어 조급할 수도 있겠지만, 여러분들은 아직 도착점이 까마득하게 남아 있으며 얼마든지 만들어 갈 수 있다. 방향을 잘 설정하여 시야를 넓히다 보면 기회는 반드시 오기 마련이며, 지금은 그 기회를 잘 알아보고 잡을 수 있는 준비가 필요한 때이니 현명한 안목을 기르고 기꺼이 미래를 맞이하시길 바란다.

PART 2

'혁신'

선택한 길을 넘어

영역 확장과 끝없는 도전

우리는 다른 길까지
더 멀리 가 볼 수 있다

고 희 진

삼성물산㈜ 패션부문 부사장

이화여고를 졸업하고, 성균관대학교에서 섬유공학을 전공하였다. 학부 졸업 후 15년 뒤 연세대에서 MBA 학위를 취득하였고, 이후 15년 후인 지금 건국대 부동산대학원에서 석사 과정을 공부 중이다. 1996년부터 삼성물산㈜ 패션부문에 근무 중으로, 빈폴 의류팀에서 빈폴 액세서리 사업을 성공적으로 런칭하여 '자랑스러운 삼성인상'을 수상했다. 임원 승진 후 액세서리 사업부장, 글로벌 소싱 본부장, 빈폴사업부장으로 근무, 현재 에잇세컨즈 사업부의 부사장이다. 세상을 바꾸는 특출한 재능은 없지만, 알고 있는 것들을 친절하고 자세하게 다른 이들에게 알려 주려 한다. 노력한 만큼 혹은 그 이상을 얻을 수 있던 운 좋은 세대에 속했다고 생각하는 사람으로서, 그 세대 이상의 실력을 가지고 있지만 아직 원하는 것을 이루지 못한 후배들에게 도움이 되고 싶다.

길을 떠나기 전, 노선도를 확인하자

대학 입학 전까지, 선택했던 전공에 대한 사전지식이 전혀 없었다. 다만 막연하게 당시에 화제가 되었던 탄소섬유의 개발 히스토리를 보면서, '섬유 공학을 공부하면 좋겠다.'라고 생각했다. 이것이 내 미래 진로를 결정짓게 된 계기가 되어 버렸는데, 학과를 정하는 마지막 순간까지도 순수 과학인 생물학이나 문과 계열인 법학과에 대한 미련이 남아 있기는 했다.

결국 공학이라는 단어가 주는 그 '멋짐'으로 해야 할 공부에 대한 부담을 이겨 냈는데, 실제로 입학하고 전공과목들을 보니, 역시나 내 우려는 딱 들어맞았다. 유기화학, 공업수학, 고분자공학 등은 그 단어에서 오는 생소함도 있었지만, 내가 공부하고자 하는 섬유 공학에 이러한 기초 학문이 어떻게 연계되는지 유추해 내기조차 어려웠다.

그러다 보니 기초학문에 집중하는 1, 2학년의 성적이 좋을 리가 없었고 동시에 시대적으로 굵직한 사건이 많았던 시기였던 터라 2년 동안 무엇을 공부했는지조차 모르는 채, 어느덧 고학년이 되었다. 그리고 전공과목을 공부하게 되었는데, 의외로 실용적인 측면이 강했던 전공과목이 내 적성에 맞았다.

그때는 몰랐지만, 우리가 어떤 공부를 하거나 새로운 것을 맞이할 때 그 큰 구조와 순서를 알고 나서 접근한다면 무작정 차곡차곡 쌓아 나가는 것보다 훨씬 효율적이겠다는 생각이 든다. 물론 그 틀을 누가 말하지 않아도 척 보면 아는 사람도 있겠지만, 보통의 사람이라면 무언가를 시작할 때, 탐색을 충분히 많이 하는 것이 그 길을 피하든 그 길에 뛰어들든 시간과 에너지를 절약하고 자신이 갈 길을 더욱 선명하게 알 수 있는 방법이 아닐까 생각한다.

그 시절엔 정말 당연한 일들이었을까?

이렇게든 저렇게든 제대로 공부한 시기는 고작 3학기 정도가 아니었을까? 내가 '배운 것도 별로 없고, 시간도 이리 빨리 지나갔는데, 아는 게 하나도 없구나. 어떻게 살 것인가.'를 고민하는 사이, 많은 친구들은 벌써 자기 행로를 정하고 있었다.

그중에서도 나에게 가장 자극이 되었던 사람은 3학년 때 이미 특허청 공무원으로 선발되어 장학금을 받으며 공부하던 친구 한 명과 기초 과목에 넌더리를 내던 나와는 달리 이미 2학년 때 대학원 진학을 결정한 친구였다. '어떻게 스무 살 남짓에 무엇인가 하기로 결심하고 그것에 저렇게 열심히 집중해서 얻어 낼 수 있을까? 나는 왜 그러지 못할까?' 하는 생각에 상당히 오랫동안 마음이 불편했고, 결국은 취업 레이스에 시달릴 것을 알면서도 다른 방법을 찾지 못하는 나 자신이 참으로 싫었다.

뭐라도 하자며 집중해서 공부하던 시기에 내가 펼쳐 놓은 그 수많은 페이퍼를 지나치다 들여다보며, "음, 여기서는 이 법칙이 제일 중요해."라고 지적한 친구가 있었는데, 딱 그 문제가 시험에 나오는 것을 보며, '아! 이런 거구나. 모든 게 중요한 게 아닌, 무엇이 중요한 것인지 아는 머리가 있어야 하는구나.'라는 생각과 함께, 적어도 나의 길은 학문은 아니라는 결론을 내릴 수 있었다.

대학원도 갈 길이 아니라면 취직이 당연 옵션인데, 지금은 믿기지도 않지만, 그때는 여성 공채가 없던 시절이었다. 대개는 학과 사무실로 각 회사의 추천서가 오고, 성적 순서대로 그 추천서를 졸업 예정자에게 배정하는 시스템이었는데 그 추천서의 대상자는 남학생이라야 한다는 것은 암묵지로 존재하는 룰이었다.

그래서 우리 학과의 1등부터 10등 순위에 여학생이 7명이나 있었음에도 불구하고 그 7명을 제외한 채 각 회사의 채용 추천서는 그 후순위의 남학생들에게까지 배정되었다. 결국 여학생들은 각자도생으로 자기의 취업처를 찾아 나서야만 했다.

나도 그중 한 사람이 되어, 많은 낙방 소식을 접하고, 취업에 도움이 된다고 하는 사교육을 받고, 다른 회사에서 경력을 쌓은 후, 경력 공채 사원으로서 삼성물산㈜(당시는 제일모직㈜)에 입사하게 되었다. 공채로 도, 추천으로도 들어올 수 없었던 회사를 대학 졸업 후 몇 년 만에 입사하게 되었을 때의 기분이란! 전에는 없던 길을 찾아내서, 약간 우회하였지만 결국은 처음에 원했던 그곳에 도착한 그 묘한 기분을 잊기 어렵다.

그런데, 내가 학교를 졸업했던 1990년대에는 그런 인식이 당연하지 않았나라고 자문해 본다면 과연 그런가? 아니다. 그때도 사실은 당연하지 않았다. 다만 문제의 열쇠를 쥐고 있는 사람들이 그것을 당연하다고 생각했었고, 그 문제가 부당하다 생각하는 사람들은 열쇠를 가지지 못한 힘없는 여학생들이었을 뿐.

지금은 그런 시절이 언제인가 싶기도 하지만, 우리가 인식하지 못하는 사이에 이런 암묵지가 여전히 얼마나 많이 존재할까를 생각해 보면,

이제는 그 문제를 해결할 수도 있는 입장이 된, 나를 포함한 여러 사람이 조금은 더 노력해야 할 때가 아닌가 하는 생각을 하게 된다. 어느새 나도 기득권층의 되어 모든 일이 공평하게 돌아가는 좋은 세상이 되었다고 착각하고 있는 것은 아닌가 반성하게 된다.

전에 가지 않았던 길도 원한다면 언젠가 가 볼 수 있다

일을 좋아한다. 전부터 쭉 좋아했다. 기초 과학 과목보다 실용 과목이 재미있던 것은 내가 그런 취향이기 때문이었다. 실용 과목보다 더 재미있는 브랜드 사업은, 정말이지 엄청나게 재미있었다.

회사에 입사하면서 세상은 바뀌었다. 패션업은 섬유에서 원단으로, 그리고 완제품 혹은 브랜드로 그 중심이 이동해 갔고, 그 과정에서 실제로 눈에서 벌어지는 모든 일들이 재미있었다. 특히 세상에 없던 상품을 만들고 팔고, 없던 브랜드를 만들고 키우고 팔아 보는 모든 과정이 매력적이었다.

어쩌면 패션업이었기 때문에 재미있는 것이 아니고, 소비자를 대상으로 뭔가를 파는 일이라서 재미있는 것이 아닐까 하는 생각이 잠시 들기도 했는데, 어쩌면 나는 유형이든 무형이든 새롭게 만들어서 파는 일이라면 뭐라도 잘하지 않았을까 하는 생각까지 연결되기도 한다.

가지 않은 길인데, 갔었다면 어땠을까 하는 생각은, 그것이 꼭 회한의 형식은 아니라도 언제나 우리의 삶에 존재한다고 생각한다. 동시에 이제까지 가지 않은 길이라고 해도 우리는 언제든지 가 볼 수도 있지 않을까 하는 생각이 들기도 한다.

임원이 된 직후에 그룹 관계사의 다른 여성 임원을 만나 보면서 '아, 나는 공학을 전공하였지만, 진정한 공학도는 아니었구나.' 하는 생각이 드는 연구개발 전문가가 많았고, 그분들의 업무 세계와 깊이는 나와는 차원이 달랐다. 세계를 무대로 뛰고 있었고, 해당 분야에 대한 전문성이 그 분야를 모르는 내 눈에도 대단하게 보였다.

그런데 한참 시간이 흘러 한 단계 직급이 오른 뒤 다시 그분들을 만났을 때, 이미 자기만의 분야에 엄청나게 내공이 깊은데 거기에 더해서 이제는 경영, M&A, 신사업 개발 등 공학 이외의 영역으로 그 업무의 지평을 매우 많이 넓히고 있음을 느꼈다. 이제 우리는 처음 우리가 선택했던 길을 넘어, 다시 새로운 곳으로 영역을 확장하고 있었던 것이다.

그래서 이제 나는 누군가가 나에게 진로 선택에 대해 묻는다면, '좋아하는 일을 먼저 찾고 그 일을 하기 위한 공부를 하고, 그 깊이가 깊어지고 넘쳐나면 또 다른 무엇을 공부할지가 보일 것이다.'라고 말해 주고 싶다. 정말 좋아하는 일이라면 직선형으로 그 일만 파고들며 살아도 행복할 것이고, 직선형이 지루하다면 그 일을 중심으로 반경을 넓혀 가는 것도 재미있는 과정일 것이다.

이제는 한 명에게 열 개 이상의 길이 있는 세상

내가 좋아하는 것은 생각하는 것이다. 생각은 가끔은 상상이고, 대개는 계획이다. 더불어 좋아하는 것은 디테일이다. 디테일은 항상 계획과

예측과 함께 다니고, 경험으로 거듭 진화하며 사람의 마음을 움직이는 일, 사람의 마음을 얻는 일 모두 디테일에서 출발한다고 생각한다. 또한 나는 나의 커리어와 사회생활에 그리고 삶에 그런 자세가 많은 도움이 되었다고 여긴다.

그렇지만 한편 나는 요즘 이런 생각이 들기 시작했다. 내가 가진 원칙 혹은 좋아하는 것을 타인에게도 기대하는 것은 당연하겠지만, 이런 나의 스타일, 내가 옳다고 생각하는 바를 상대방에게도 똑같이 요구하는 것은 어쩌면 꽤 오래전, 남학생만을 선별해서 회사에 취직시켜 주는 것이 상식이었던 그분들과 다름이 없는 자세가 아닌가?

'현재를 바꿀 힘이 있던' 그분들과 동일한 사고 방식으로 '현재를 바꿀 수 없는 사람'들을 내 박스 안에 맞추려고 하는 아닐까? 그리고 나의 답은 '그렇다'였다. 그래서 이제는 누군가 내게 무엇인가 물어보며 답을 구할 때, 그 순간에는 친절하고 자세하게 내 생각을 전달하지만, 내게 좋은 것이니 남에게도 그럴 것이라는 생각을 버리려고 노력한다.

나는 계획적으로 디테일하게 살더라도, 타인의 거친 계획과 생각 그리고 방식도 인정할 수 있는 사람이 되고 싶다. 이미 우리가 사는 세상은 내가 걸은 길과 방식이 늘 정답이 아니고, 내가 만든 성공 방정식이 단 하나의 정답이 아닌 곳이 되어 가고 있기 때문이다. 이제 세상에 나온 혹은 이런 세상에 벌써 지친 '뽀송한' 후배들은, 우리들이 맞서야 했던 고정관념과 이제는 또 우리가 자신도 모르게 가지고 있는 편견에 지치지 않도록 마음으로 응원한다.

그리고 그 친구들이 원할 때에 언제든지 아낌없는 도움이 되는 '엔지니어' 출신 선배가 되어 주고 싶다.

맨땅에 헤딩!
스타트업 인재상

최 새 미

주식회사 메이코더스 대표

서울대학교 산림과학부와 컴퓨터공학부에서 학사 학위를 취득한 후 3년간 동아 사이언스에서 과학기자로 활동하였다. 기자로 활동하던 때, 본 에세이에서의 경험을 통해 창업에 관심을 갖게 되었고, 서울대학교 컴퓨터공학부에서 생물정보학으로 석사 학위를 취득한 뒤 창업자로서의 커리어를 시작하였다. 2022년에 카카오벤처스로부터 시드머니 투자 유치에 성공하고, 현재 글로벌 바이어를 위한 보면서 만드는 케이뷰티 제조플랫폼 메이크를 개발하고 있다. 2023년 한국무역의날에 산업통상자원부 장관 표창을 받았다.

맨땅에 헤딩하는 사람은 누구인가

내가 스타트업계에 들어오게 된 계기였을지도 모르겠다. 과학기자 시절, 아이들과 함께 해외 출장을 갔다. 내키는 출장은 아니었다. 그 당시 오래전 잡지팀에 있을 때 썼던 기사를 보완하는 차원에서 갔고, 이미 나는 팀을 옮긴 상황이어서 일정상 선배들께 굉장히 죄송했다.

'최소한 노력만 하자!'라는 다짐과 함께 공항을 찾았다. 처음부터 예상외의 일이 벌어졌다. 조그마한 아이들이 있겠거니 생각하고 갔는데, 169㎝인 나보다 키가 큰 여자아이가 있는 것이다. 이미 170 중반이라고. 중학생이던 이 아이는 특허도 몇 개 있었고, 무려 창업 경험까지 있는 아이였다. 사진을 찍는데 포즈 하나하나 다 다르고 뭔가 특별했다. 자기는 이러이러한 창업을 했고 마이스터고에 진학해 창업에 대해 더 발전시키고 싶다고 이야기했다.

그 회사 이름이 '맨딩'이었다. 친절히 '맨땅에 헤딩'의 줄임말이라고 설명했다. 초등학교 교실과 교구상을 연결하고, 맨딩 멤버들이 교구를 들고 수업을 진행하면서 과학을 가르친다고 했다. 자기들이 홈페이지도 만들었다며, 스마트폰을 이리저리 돌리며 시연도 해 주었다.

여러 가지로 충격적이었다. 이토록 나이브한 생각으로 출장길에 오른 나와, 열정으로 눈이 반짝반짝한 그의 만남이라니 말이다. 덜컹거리던 땅, 도마뱀이 꽤 나오던 그곳에서 나는 그 아이의 옆자리에 앉아 종알종알 이야기를 나누었다. 자기의 것을 하고 있는 사람의 말은 그 사람이 어리든 나이가 많든, 반짝이고, 사람을 빨아들인다. 그때 막연히 생각했다. '저런 사람이 되고 싶다.'

그로부터 3년 후, 나는 퇴사와 대학원 진학 등 몇 가지 일을 저지르고, 결국 창업계에 발을 들였다. 한때는 기자와 중학생이었지만, 그땐 난 아무것도 없는 창업자였고 그 아이는 대한민국 인재상을 수상했다. 역시 대단한 인물이었다고 생각했다. 혹시라도 이 글을 읽는다면 자기 이야기인지 알 수 있을까.

스타트업 인재란 무엇인가

첫 채용을 시작한 지 4년이 넘어간다. 공동창업자와 둘이서 출자를 했고, 3번 멤버부터는 스톡옵션과 연봉을 협상하며 채용하였다. 자발적으로, 혹은 가끔은 내가 주도해서 아름다운 이별을 하며 면접은 40~50번, 채용은 20번 정도 진행한 것 같다. 지금 멤버 수는 13명, 7월 1일자

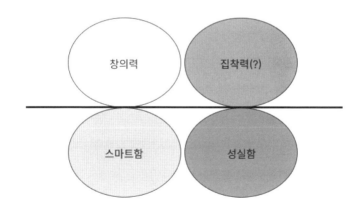

스타트업 인재의 속성

로 15명 정도이다. 가장 오래 한 멤버가 계속 주요 멤버로 있으니, 채용을 하고 한 사람을 본 지 4년이 넘는 경우도 생겼다.

긴 세월 일과 사람 사이에서 줄다리기했다. 그리고 창의력과 집착력(?), 스마트함과 성실함, 이 네 가지 속성이 결국 중요하다는 것을 깨달았다. 하단의 스마트함이나 성실함은 이 사람의 제너럴리스트적인 속성을 결정한다. 무슨 일을 하여도 어느 수준 이상의 달성을 해내는 사람이다. 상단의 창의력이나 집착력(?)은 스페셜리스트적인 속성을 결정한다('집착력'이라는 단어가 이상한 것 같아 물음표를 붙였다).

제너럴리스트는 모든 기업에서 선호하는 성향이다. 흔히 '일잘러'로 평가되는 사람들이 여기에 속하지 않나 싶다. 창의력이나 집착력은 미디어, 엔지니어링 등 특수 분야에서 선호하는 성향이다. 흔히 맨파워가 중요하다고 여겨지는 분야다.

창의력과 집착력, 맨땅에 헤딩하는 원동력

처음에는 네 가지 요소 중 창의력과 집착력이 극초기 단계의 스타트업에서 필요하다고 생각했다. 시장을 여는 능력, 문제해결력은 바로 여기서 나오기 때문이다.

스타트업에서 창의력은 '주어진 것 외의 부분에서 문제와 해결점 찾기'이다. 이게 정말 구체적으로 말하기 어려운 속성이다. '뭔가 이거랑 유사한 걸 봤는데…' 하면서 다른 필드의 유사 패턴을 찾아서 그것보다 비효율적인 점을 발견한다든지, 규칙이나 룰이 아니라 사람들 행동에서 이상한 점을 발견한다든지 하는 것 말이다. 주어진 것을 수행하면서 발견하기보다는 다른 경험이나 딴생각, 공상 등에서 발견되는 속성이다. 문제가 보이지 않으면 해결책이고 혁신이고 추구하기는 어렵기 때문에, 이런 엉뚱한 창의력이 초기 단계의 시장문제를 발견하는 코어 역량이 된다.

스타트업에서 집착력은 '될 때까지 실행하는 것'이다. 말 그대로 되는 시장이라면 내가 잘하면 많이 먹을 수 있다는 자신감만 있다면, 그 시장에서 크게 플레이해 낼 수 있다. 그런데 그 과정이 매우 지난하다. 계속 다른 시도를 해 봐야 하고 고객에게 잘 침투할 수 있는 방법을 찾아야 한다. 그게 심지어 몇 년 걸릴 수도 있다. 그런데 이런 집착력의 사람들은 한 번 찾아서 시장이 쫙 열리는 데서 아드레날린이 분비되는 경험, 그 잠깐만으로도 만족도가 매우 올라간다. 그 자체로 행복감을 느낀다.

창의력과 집착력을 가진 사람들은 맨땅에 헤딩한다. 심지어 뭔가 깔린 땅에는 헤딩하는 것조차 좋아하지 않는다. 자기가 땅을 느끼고, 거기에 뭘 해야겠다고 생각하고, 이 상태면 내가 이 땅을 얼마만큼 점령할 수 있겠다 판단하고, 실제로 그걸 해내면서 기쁨을 느낀다. 진짜 몸이 아파야, 진짜 극도로 스트레스를 받아야 내가 아직 살아 있구나, 느끼기도 한다.

창의력은 룰을 벗어난 어떤 문제 발견과 아이디어를, 집착은 반복적인 저지름을 의미하기에 이들을 '또라이'라고 부르기도 한다. 나빠 보이지만 사실 나쁜 건 아니다. 보통 '또라이'에게 투자하는 경우가 많지 않은가. 해당 분야에 도메인 지식이 아무것도 없는 애송이라고 무시당하던 이가 해당 분야의 유니콘으로 회사를 급상승시키는 경우도 빈번하다.

지속 가능하게 만드는 스케일업형 인재

이렇게 사람을 갈아 극초기 스타트업이 된다. 그러나 이제부터는 이게 다가 아니다. 스타트업이 조금 더 성장하면 스마트함과 성실함을 갖춘 인재의 영입이 절실해진다. 집착은 곧 체력 고갈과 번아웃을 가져오고, 정신적 충전이 이뤄져야 창의력도 회복된다. 이들이 고갈되기 전에 스마트하고 성실한 이들이 들어온다. 열정에 가지를 치고, 오퍼레이션을 합리적으로 만들며 끝까지 해내면서 비지니스를 부스트해 준다. 이들이 없다면 또라이들이 만들어 낸 것이 한여름 밤에 꿈에 그치고 마는 게 바로 스타트업이기도 하다.

한 사람이 모든 성향과 능력을 가질 수 없기 때문에 일어나는 일이다. 결국 어떤 성향의 사람을 어떤 스테이지에 어떻게 구성하여 함께할지를 결정하는 것이 스타트업 대표의 주요 역량이라는 결론에 이른다. '우리 같이 작은 회사에 합류해 주셔서 고맙습니다.' 하는 생각으로 모셨던 멤버들인데, 사실은 네 가지 성향을 조금씩 다른 분배로 가지고 있었다는 점이 이제는 눈에 보인다.

같이할 사람과 그렇지 않을 사람을 나눌 수 있게 되고, 성숙하게 상황을 만들 수 있게 되었을 때, 성장했다고 느꼈다. 그런데 이렇게 같이할 사람이라도 사업의 성향과 단계에 따라 다르게 접근해야 한다는 사실을 마주한다. 아직 갈 길이 멀다. 그러나 어쩌겠나. 멀게 생각하지 않고 이야기 나누고, 시도하고, 결과를 보고, 개선하는 것에 집중할 수밖에.

문득 그 아이는 무엇을 하고 있을까 궁금해진다. 더 어릴 때 창업을 했던 아이. 혹시 나와 같은 고민을 했을까.

새로움을 입는 나를
두려워하지 말자

최지숙

SUPERRABBIT DESIGN LAB 대표

남서울대학교 건축학과 학사, 홍익대학교 건축도시대학원 실내설계 석사 학위를 취득하였다. 건축사사무소를 거쳐 인테리어 디자인 설계, 시공회사에서 20여 년의 실무 경력을 쌓았고, 다년간 프리랜서로 활동하다 2021년 SUPERRABBIT DESIGN LAB을 설립했다. 다양한 공간의 인테리어 설계와 컨설팅이 주 업무이며, 현재 강북구청, 서대문구청 건축심의위원(디자인 분야)으로 활약하며 여성 후배 양성에 많은 관심을 가지고 있다. ㈜한국건축가협회 정회원, ㈜한국여성건축가협회 정회원이며 답사위원회 이사로 활동 중이다.

호기심 많은 소녀, 건축가를 꿈꾸다

어린아이가 호기심 어린 동그란 눈, 활짝 웃는 얼굴을 하고 두 팔을 벌려 비를 맞는다. 감기라도 걸릴까 엄마가 데리고 들어가도 다시 빗속으로 뛰어가며 내리는 빗물을 신기해한다. '태어나서 처음으로 비를 맞아 본 아이'라는 유튜브 영상의 한 장면이다.

영상 속 아이는 호기심 많던 어린 나와 많이 닮았다. 빗물 웅덩이에 발을 첨벙첨벙하면서 일어나는 동그란 파장을 보며 즐거워하고 우산에 떨어지는 빗방울 소리를 듣는 것을 좋아했다. 덕분에 비 오는 날 빨래가 많았다며 엄마는 아직도 그 시절 얘기를 해 주신다. 여전히 나는 비 오는 날을 좋아한다.

점핑 볼이 튀는 비밀을 알아보겠다고 몇 개나 펑크를 내고, 소리가 나오는 박스가 신기해 라디오를 분해하던 호기심 많은 아이였고, 사춘기 전까지 남자아이들과 곤충 채집하고 꼬마 대장처럼 친구들과 동네를 뛰어다니며 해가 져야 집에 들어가는 말괄량이이기도 했다.

중학교 입학 후 가정 교과 수업 시간에 자기 집 공간을 그려 보는 과제를 하면서 공간이란 것에 대해 크게 흥미를 느끼며 건축가가 하는 일이 너무나 멋져 보였고, 건축가라는 꿈을 꾸게 되었다. 꼼지락꼼지락 뭔가 만드는 것을 좋아해 미대 진학을 생각했던 적도 있지만 만들기도 좋아하고 외향적인 나에게 건축가는 너무나 맞는 직업이지 않는가? 덕분에 또래들보다 빠르게 내 진로를 선택하고 공부하고 싶은 과를 결정했던 것 같다.

힘든 길이지만 흥미로 가득했던 대학 생활

대학 진학 무렵 드라마의 건축가 주인공 때문에 인기가 높아진 건축과는 엄청난 경쟁률을 보였고, 공부보단 노는 것을 더 좋아했던 나는 바로 건축과를 진학하지 못하였다. 학점에 맞춰서 다른 학과를 가라는 선생님의 조언이 있었으나 건축과를 고집했던 나는 재수를 하게 되었다.

누군가 재수는 필수, 삼수는 선택이라고 했던가? 인생에서 중요한 선택 시기에 탈락의 고배를 마셔 본 나는 그 경험으로 실패에 대한 회복탄력성이 꽤나 높은 사람이 되었다. 지금 생각해 보면 편입도 있고 복수전공도 있었는데 힘든 길을 선택한 것이었지만 후회는 하지 않는다.

원하던 건축과에 다니게 되었지만 건설사에 근무하시던 아버지 친구분은 왜 여자애를 건축 공부를 시키냐 하시고, 여자가 험난한 일을 하게 된다며 부정적인 시선이 있었다. 하지만 원하던 과로 진학한 나의 대학 생활은 흥미로 가득했다.

공대 진학 후 구조 수업 등 몇몇 과목은 이해가 느려 학기 내내 좌절하기도 했지만 연필의 선 두께를 조정해서 도면을 그리는 과제나 스케치, 모형 과제는 며칠 밤을 세워도 피곤한 줄 모르고 동기들과 학교에서 살다시피 했다.

한편으론 과 동기 사이에서 아웃사이더이기도 했는데 산업디자인과 색채학, 조명학, 사진학 수업, 경영학과 경영학개론을 신청해서 들었다. 덕분에 동기들과는 다른 과제를 하느라 혼자 정신없기도 했고 학점을 못 주겠다는 타과 교수님 때문에 애를 먹기도 했지만, 그때 경험들이 지금 돌이켜 생각해 보면 내가 일하는 데 적잖이 도움이 되고 있어 아끼는 후배들에게는 꼭 전공과 수업만 고집하지 말라고 조언하기도 한다.

첫 직장, 남녀 차별이라는 한계에 부딪히다

졸업 학기쯤 컴퓨터 설계의 시대로 바뀌고 있었다. 지금이야 당연하게 컴퓨터로 모든 설계와 시뮬레이션 작업이 이루어지지만, 손도면과 스케치로 과제를 해 오던 나에게 컴퓨터란 낯선 존재는 또 하나의 넘어야 할 산이었다. 지금은 웃으며 얘기하지만, 컴퓨터 시대에 반항하듯 졸업 작품은 손으로 그리고 수채화로 색칠했다.

첫 설계사무소에 소장님은 나에게 허드렛일과 행정 업무를 시키셨다. 여자는 키워 봐야 결혼해서 애 낳고 집에 들어앉을 거라 기술을 가르쳐줄 필요가 없다는 이유였다. 충격적이었다. 역사적으로 건축은 남성의 직업으로 여겨졌지만 21세기에 아직도 남녀 차별이라니!

어릴 적 꿈꾸던 건축가의 일을 하고 싶었던 나는 너무나 실망스러웠다. 나의 부모님, 특히 어머니는 여자라 안 된다는 것 없이 세 자매를 키워 주셨던 터라 더 충격적이었는지 모르겠다. 그 덕에 여자라 못한다소리 듣기 싫어 더 악바리가 된 것 같다. 한밤중 홀로 빈 사무실에서 일할 때면 무서움도 잊고 일하기도 하였다.

다행히 나의 사수는 소장님이 설계 업무와 관련 없는 업무를 시키실 때마다 내 편에서 얘기해 주셨고 나에게 많은 걸 알려 주려 애쓰셨다. 야단도 많이 맞았지만 캐드 시스템으로 도면 그리는 법, 서류 작성법

등등 현업에서 알아야 할 것들을 알려 주셨기에 지금까지 일할 수 있는 것이리라. 너무나 감사한 일이다.

건축에서 인테리어로…

사수의 가르침 덕분에 기본은 하게 되었지만 계속된 남녀 차별에 결국 첫 회사에서 사직하게 되었다. 남녀 차별이 심한 건축계로 다시 가고 싶지 않아 방황하다가 친구가 일하는 인테리어 회사에서 설계 아르바이트 업무를 하게 되었는데, 인테리어 설계 일을 20여 년 넘게 하게 될 줄 그때는 몰랐다.

인테리어 회사는 남녀 차별이 덜했고, 다양하고 신기한 자재들, 다양한 프로젝트들이 건축과 다른 소프트함이 있었고 재미있었다. 건축 전공이지만 인테리어는 늦은 시작이었기에 꽤나 집중하고 더 열심이었던 것 같다. 현장을 갈 기회가 생기면 시공 과정을 직접 보고 궁금한 것은 현장 소장님에게 물어보았다. 현장에 먼지와 땀이 뒤범벅이라 힘들기도 했지만, 젊을 때 아니면 못해 볼 경험이라고 생각한다.

막내에서 벗어나자 후배들이 생기기 시작했다. 실력 출중한 후배들을 보면서 위기의식을 느꼈다. 내가 앞으로 더 일하려면 공부를 해야 할 것 같았다. 마침 선배가 동업을 제안하며 대학원을 권유하여, 일과 병행 가능한 대학원을 가기로 마음먹었다.

터닝 포인트가 되었던 대학원 진학

대학원 진학은 그동안 낮아진 자존감과 매너리즘에 빠진 나에게 큰 터닝 포인트가 되었다. 실력이 형편없다 자책하곤 했는데 내로라하는 회사에 다니는 동기들, 사업하는 동기들과 공부하다 보니 자신감이 붙었다.

오랜만에 다니는 학교생활을 더 즐기고 싶은 욕심에 회사를 사직하고 프리랜서로 일하며, 마지막 학기에는 어린 학우들과 학교에서 논문과 졸업 작품을 하는 데 집중하며 지냈다. 좋은 교수님, 동기들을 만났던 이때 자신감도 회복하고 좀 더 넓은 세상을 알게 되었다.

대학원은 내 삶의 전환점이 되어 주었고 덕분에 졸업 후 글로벌 기업 사무실 디자인을 주로 하는 회사, 호텔 설계를 잘하는 회사, 관공서 업무를 많이 하는 회사 등 여러 회사를 경험하게 되었다. 누군가는 자주 회사를 옮긴 점을 단점으로 보기도 하지만, 직접 일해 보지 않으면 모를 회사마다의 강점, 배울 점들이 있고 덕분에 넓은 스펙트럼을 갖게 되었다.

최근에는 평생직장의 개념이 없어지고 개인의 다양한 경험과 능력을 더 중요시 여기는 시대가 되었으니 나는 좀 더 일찍 이 흐름에 발맞춘 사람은 아닐까? 여러 다양한 경험과 사람들은 나의 자양분이 되어 주었고, 독립해서 고군분투하는 지금까지 원동력이 되어 주고 있다.

활력소가 되어 주는 것들

논문학기 우연히 참석한 모임에서 한 단체의 회장님을 만나게 되었는데, 여성들만으로 이루어진 건축전문집단이라고 소개하시면서 꼭 가입해 활동했으면 좋겠다며 여러 차례 권유하셨다. 호기심이 발동했기도 했고 가벼운 마음으로 가입하게 되었다.

가입하여 보니, 나와 비슷한 업을 가진 많은 선배와 후배들이 험난한 건축계에서 묵묵히 일하고 있지 않은가? 놀랍기도 하고 반갑기도 했다. 아! 사회 초년 시절 이 사람들을 알았더라면 얼마나 좋았을까? 그때 응원을 받았다면 건축을 계속하고 있었을까? 때론 언니처럼 때론 친구처럼 일뿐만 아니라 인생도 취미도 같이할 수 있는 상대가 있다는 게 얼마나 행복한 일인지….

학교와 회사가 알고 있던 사회생활의 전부였던 나에게 협회 활동은 또 다른 활력소가 되어 주었고, 합창 동호회에서 총무까지 맡아 가며 적극적으로 활동하다 보니 든든한 동료들을 만나 큰 힘을 얻고 있다. 기회가 된다면 주변에 활동할 단체에 가입하는 것도 추천하고 싶다.

이야기를 마무리하며

나의 이야기를 쓰기까지 많이 망설였다. 평범할 수도 있는 나만의 이야기가 과연 필요한 걸까? 하지만 끊임없는 호기심으로 새로움을 도전하며 살아온 나의 경험들이 누군가에게 도움이 된다면 그 또한 의미 있는 일이라 생각했다.

　내가 어떻게 성장했는지 뒤돌아보는 좋은 기회를 주신 ㈜유로의 기유경 대표님께 감사드린다.

　많은 여성의 도전과 앞날을 응원하며….

나는 지금 여기 왜?
무엇을 위해 존재할까?

민윤정

㈜메이팜소프트 대표이사

성균관대학교 중어중문과에서 학사 학위를 취득한 후, 신한카드(구 엘지카드)에서 여신마케팅 분석 업무를 담당하며 6년간 근무하였다. 성장의 목마름을 느껴 그만두고 IT전문가로 창업의 꿈을 이루기 위해 LG소프트스쿨 C개발자 과정을 수료하였다. 수료 후 NLP(Natural Language Processing) 및 인공지능 관련 기술을 연구 개발하는 솔트룩스 및 코난테크놀로지 등에서 프리세일즈로 15년 동안 근무하였다. 다년간 NLP 기술영업의 노하우를 바탕으로 동료들과 함께 2016년 8월 법인 ㈜메이팜소프트를 창업하였다. 창업 후 20년 8월 서울과학기술대학교에서 「기술수용모형(TAM)을 기반으로 학습용 챗봇의 이용에 대한 영향 요인 분석」으로 공학석사를 취득하였고, 23년 8월 산업정보시스템 박사 과정을 수료하였다. 현재 초거대언어모델의 상용화 및 내재화를 위해 sLLM 연구 개발과 회사 성장에 집중하고 있다.

이태백의 시 한 수 읊으며 문학 소녀가 되고 싶었던 나

나는 본디 공학도가 아니다. 문과를 사랑하고 지향했다. 어려서부터 책 읽기를 좋아했는데, 초등학교 시절 애거사크리스티의 추리소설과 셜록홈즈를 빠짐없이 읽으며 상상력을 키우고 호기심이 많아진 듯하다. 집안이 여의치 않아 책이 많은 친구와 어울리며 매일 그 친구의 책을 한두 권씩 빌려다 밤늦게까지 읽었던 기억이 난다. 그래서인지 지금도 책 소장에 대한 욕구가 매우 강한 편이다.

또한 중학교 가서는 빼놓을 수 없는 청춘물 할리퀸 로맨스를 한 권도 빼놓지 않고 두루 섭렵하였다. 이 글을 읽으며 '아, 할리퀸!' 하시는 분들은 나와 연배가 비슷하리라. 수업 시간에도 교과서 뒤에 몰래 숨겨두고 읽다가 들키거나, 벌받아 본 기억이 한두 번쯤은 있지 않은가? 아직도 잊히지 않는 책 속 구릿빛 피부(?)의 남정네는 어디에 있는지 모르겠지만 말이다. 하하…!

말괄량이지만 적당히 공부도 좀 했던 나는 어쭙잖은 리더십도 있는 편이라 부반장 같은 역할도 빠지지 않았으며, 오락부장이나 미화부장 같은 어울리지 않을 법한 '장' 자리를 매년 꾸준히 지내 왔다. 순진한 나의 사춘기를 할리퀸 로맨스와 보내며 상상력을 키웠고, 별 탈 없이 착하고 순수한 중고등학교 과정을 보내며 나름 공부도 좀 했다.

다행히 꿈에 그리던 성균관대학교 어문학부 중문과를 합격했다. 육백 년 전통을 보유한 성균관대에서 일 학년 때 역시 멋지게 학사경고를 받았다. 동기, 선배들과 어울려 밤낮 술 마시고 샹송을 듣고 운동가와 율동을 배우며 고주망태 일 학년을 보냈다.

그렇게 미친 듯이 놀아 보고 술도 마셔 보았으니 이젠 나의 미래를 고민해야 할 시기가 임박하였고, 중문학 수업을 강의하시는 전 모 교수님이 계셨다. 교수님의 시 한 수를 듣는 날에는 하루 종일 설레고, 이태백과 탁주 한잔하며 자연과 시와 사람에 대해 논하고 싶어졌다.

무엇보다 '나도 멋진 문과 교수가 되어 저 자리에 서고 싶다!'는 동경과 기대로 대학 생활을 보냈던 것 같다. 이렇게 나의 생물학적 · 지적 호기심과 상상력은 다양한 취향의 독서를 바탕으로 성장했다고 짐작해 본다.

나의 질풍노도 20대

내 인생 첫 직장은 LG신용카드(LG 계열사), 지금의 신한카드사이다. 와우! LG그룹! 꿈에 그리던 종로의 대형빌딩에서 네임택을 목에 걸고 유니폼을 입고(당시는 여직원은 유니폼을 입어야 했음)… 멋지지 않은가! 대전 시골에서 어린 시절을 보내며 학교와 대학로, 자취방, 서울역만을 왔다 갔다 했던 나에게는….

그러나 역시 대기업에서의 첫 직장 생활은 역시나 생각만큼 녹록하지 않았다. 당시만 해도 카드사는 주말 당직 업무와 무식한 고객들의 클레임 전화까지 언제 걸려올지 모르기 때문에 멘탈이 나갈 때가 한두 번이 아니었다. 하지만 열심히 일했고, 성장하고 싶었으며, 조직에서 인정받고 싶은 마음이 점점 간절해졌다.

하여 카드회사의 꽃인 여신마케팅팀에 발령받게 되었다. 카드사에서의 여신이라는 것이 카드론(대출) 자격 조건을 검증하고 시뮬레이션하여 대출 한도와 금리 등의 기준을 분석하는 업무였는데, 데이터마이닝을 그때 처음 접하게 되었다. SPSS 분석가 과정을 회사의 지원으로 이수하였고, 통계가 조금은 어려웠으나 툴 자체가 쉽게 되어 있어 다양한 통계분석에 유용했고 재미있었다. 또한 당시 직속 상사가 꽤 성질 고약하기로 유명한 선배였으나 보고서 작성법, 시각화 등에 대한 조언으로 나를 성장시켜 주었다.

이런 분석과 마케팅 업무를 하며 분석툴이나 시스템 등을 더 접해 보고 만들고 싶어졌다. 그냥 LG에서 승진하며 살아남을 것인가? 과감히 정말 내가 하고싶은 일을 위해 도전할 것인가? 몇 날 며칠 고민하며 후회하지 않을 삶을 살자고 스스로 다짐하며 과감히 회사를 그만두었다. 이후 개발자 과정을 마치고 '멋진 개발자이자 데이터분석가가 되어 보자!'라는 생각을 한껏 품고!

여담이지만, 당시 나의 사랑하는 모친이 앓아누우셔서 마음이 좀 쌉싸름했지만 결국 내가 성공하면 엄마를 더 호강시켜 줄 수 있다고 믿었기에 나의 결심대로 나의 인생을 피봇팅했다.

IT전문가로 출사표를 던지고 끊임없이 성장하다!

여기저기 알아보다 LG소프트스쿨 C개발자 과정을 등록하고 수료했다. 어렸을 때부터 컴퓨터에 관심이 많았던 나는 C프로그래밍 과정을 이수하였고, 수료프로젝트로 게임 개발을 했던 것 같다. 너무 오래돼서 가물가물하긴 하지만···. 같은 조 동기 중에도 문과생, 공대생이 뒤섞여 있었으나 개발에 대한 열의는 남달랐기에 열심히 했다. 열심히 어울리고 물어보고 코딩하고 책 읽고….

하지만 C언어 몇 줄 짠다고 멋진 개발자가 될 수 있진 않았다. 배경지식이 부족하니 개발하면 할수록 한계를 느꼈다. '어떻게 하지? 다시 LG 선배를 찾아가 재입사를 받아 달라고 할까? IT는 나에게 맞지 않는 선택인 것인가?' 하는 고민을 하던 중 담당매니저로부터 프리세일즈(기술영업) 업무를 해 보면 어떻겠냐는 권유를 받았다.

당시는 너무 어리고 정보도 지금처럼 많이 없으니 한편으로 솔깃했던 것 같다. 프리세일즈? 컨설팅? 멋진 업무로 보였다. 또 나의 성향상 앞아서 개발코드를 갖고 지지고 볶고 머리털 쥐어뜯고 하는 업무보다는, 대화를 통해 상대방을 설득하며 내 제품과 기술력을 제공할 수 있는 프리세일즈란 업무가 나에게 더 많은 성장과 성공에 빠르게 접근할 수 있을 것 같았다. 테크니컬을 다루는 회사의 멋진 대표이사가 되고 싶었으니까….

처음으로 취업한 IT회사가 지금 코스닥 상장사인 솔트룩스였다. 현재의 대표이사인 이경일 대표를 포함하여 전 직원이 15명도 채 안 되는 작은 회사였는데, 이경일 대표의 젊은 마인드와 경영철학 등이 멋지고 많이 배울 수 있을 것 같아 면접 합격 후 바로 입사했다.

입사 후엔, 이경일 대표에게 많이 혼나고 공부하며 빠듯한 신입 1년을 보냈다. 비전공자로 IT회사에 프리세일즈로 들어왔으니, 모르는 게 태반이었다. 빨리 극복해야지 싶어 남들보다 매일 한 시간 일찍 출근해서 부족한 IT 지식을 확장하기 위해 마이크로소프트와 같은 IT 전문잡지와 신문 등을 정독했다. 모르는 단어 하나, 내용 하나 챙기며 옆자리의 이사나 선배들에게 묻고 배우고…. 그러다 보니 적극적인 태도에 칭찬도 받을 수 있었다. 열심히 하니 어찌 칭찬하지 않을 수 있겠나?

현재 대표이사가 된 내가 봐도 나의 그 시절처럼 고민하고 행동하고 적극적인 직원이 있으면 업고 다닐 것 같다. 신입이라 많은 성과가 있진 않았으나 나름 인정받고 6개월 만에 대리 승진도 했다. 일 년쯤 지날 무렵, 회사의 제품으로 내가 움직일 수 있는 폭이 넓지 않다고 생각되어 과감히 또 사표를 던졌다.

격변기의 40대, 창업의 길로!

이후 리포팅툴, UI툴 등 다양한 소프트웨어 개발 회사를 이직해 가며 프리세일즈 업무와 더불어 다양한 기술적 역량을 높였다. 그리고 마지막 나의 직장인 코난테크놀로지에서 10년 가까이 공공사업팀장을 맡으며 프리세일즈 및 매니저 업무까지 격변기의 40대 초반을 보냈다.

정말 누구보다 열심히 영리하게 일했고, 몇 명 안 되는 팀원이지만 마음을 다해 그들을 지원하고 성장하도록 격려했다. 내가 소속된 회사가 멋진 기업임을 자부하며 고객과 파트너들에게 알리고 수주하기 위해 치열한 시간을 보냈다고 자부한다. 힘들었지만 나를 따라 주는 후배들이 있어서 뿌듯했고 즐거웠고 보람 있었다.

하지만 지나친 일 욕심과 과로로 어느 날 넘지 말아야 할 선을 넘어버렸다. 대표이사와 1분 스피치로 상호 언성을 높인 것이다. 세상에나… 어르신 입장에선 기함할 일이었지 싶다. 하하…. 그 덕분에 대표이사 눈 밖에 났고, 주변의 못난이 몇 명이 대표 옆에서 나를 험담하는 얘기를 후배를 통해 여러 번 들었고, 엄청난 자괴감이 몰려왔다.

그렇게 십여 년쯤 다녔던 회사를 그만둘까 하며 고민하던 중, 사업을 하며 알게 된 지인이 투자하겠다며 나를 부추겼다. "민윤정, 너 정도면 회사 충분히 성장시킬 수 있어. 한번 도전해 봐. 투자해 줄게." 이래저래 빈정 상해 있던 나에게 솔깃한 제안과 친했던 동료도 함께하겠다며 동조해 주었다.

그래, 뭐 인생 별거 있나… 까짓거 한번 해 보자! 드디어 출사표를 던졌다. 창업의 길로! 대표이사로!

대표이사로 성장하기에 도전 중!

LG소프트스쿨을 그만둘 당시, 처음으로 엄마가 나 때문에 앓아누웠었는데 요번에 두 번째 앓아누우셨다. 난 더욱 불효녀가 되지 않기 위해, 한편으로 엄마를 달래 가며 ㈜메이팜소프트라는 지금 내가 대표로 있는 회사를 창업했다. 함께 일했던 동료도 두 명이 함께해서 외롭진 않았다. 든든한 투자자도 있다고 믿었으니….

투자를 받긴 했으나 직원을 뽑을 나머지 자금을 투자하지 않아 결국은 투자자와 결별하게 되었다. 당시의 막막함이란…. '어떻게 하지? 회사를 접고 다시 취직해야 할까?' 별별 생각이 다 들고 불안하고 초조하고…. 동료들과 점심마다 둘러앉아서 '뭐 하지?' 고민만 하고 있는데 데면데면했던 다른 회사분들이 사업건 정보를 주고, 개발오더를 주고 발주를 주는 것이 아닌가? 나와 동료를 믿고, 아무것도 없는 회사에….

역시 메뚜기는 풀을 먹어야 하는가 생각하며 창업진흥원, 중소기업벤처부 등에서 주관하는 다양한 정부과제를 도전하고 수주하며, 자체 소프트웨어를 개발했다. 검색엔진, 챗봇엔진, 텍스트마이닝엔진 등 지금은 자사 소프트웨어만 무려 5건 넘게 확보하고 있으며 국세청, 통일부, 자산관리공사, LH공사 등 다양한 기관에 공급하고 납품하며 성장하고 있다.

끝없는 도전으로 나의 꿈을 이루어 가다

아직 직원 규모가 27명 정도로 중소기업이지만, 직원을 위한 다양한 복지를 제공하며 같이 성장하고자 노력하고 있다. 네이버와 같은 거대 기업처럼 높은 연봉을 지급할 수는 없겠으나, 다양한 사업적 기회와 경험을 제공하고 그 안에서 도전과 실패를 두려워하지 않을 수 있는 역량과 마인드셋을 키울 수 있도록 지원하고 있다.

나는 지금도 하루하루 성장하고 있고, 더 많은 성장을 꿈꾼다. 성장은 꼭 돈만으로 이어지는 것은 아니다. 사람, 경험, 놀이 등도 포함된다. 몇만 년도 아닌 백 년쯤 되는 인생의 여정에서 두려울 것은 없다. 지금까지 내가 원하는 것을 성취해 온 만큼 앞으로도 내가 원하는 것을 이룰 수 있다고 생각하고 믿고 행동한다.

나를 믿어 주고 따라 주는 우리 회사의 임원·직원들 모두에게 항상 감사하는 마음을 가지려 노력한다. 행복과 즐거움은 나누어야 커지고 의미가 있지 않은가! 하지만 행복만 즐거움만을 추구하는 성장은 불가능하다. 스스로 정체성의 한계를 짚어 가고 생각하며, 부족함을 채우기 위한 노력과 도전을 계속할 때, 실패를 온몸으로 받아들이고 되새김질할 수 있을 때, 진정한 행복과 즐거움이 성장과 함께 나의 것이 되어 돌아온다고 믿는다.

무엇이든 도전하고 느끼는 것이 얼마나 감사한 일인가? 이 글을 읽는 여러분. 지금 이 순간이 가장 젊은 순간이므로, 사유하고 질문하고 행동하시라! 미래는 그대의 것이 될지니!

마지막으로 사랑하는 메이어들 사진 한 컷 공유해 본다(메이어 = 메이팜소프트 직원 호칭).

2024년 남한산성둘레길 상반기 워크숍 '어찌 즐겁지 아니한가?'

100세 시대,
인생의 보험은 공학

한 지 영

대진대학교 교양학부 부교수/교양교육연구소 소장

인하대학교 섬유공학과에서 공학사 학위와 정교사 2급 자격을 취득하였고, 서울대학교 농산업교육과에서 교육학 석·박사 학위를 취득하였으며, 국비 지원으로 University of Minnesota 공학교육 분야의 Post Doc.를 하였다. 학위 과정 이후 아주대·인하대·서울시립대에서 공학교육 분야의 연구와 교육을 담당하였고, 현재는 대진대학교 교양학부 부교수로 재직 중이다. 우리나라 이공계 인력 양성에 대한 중앙정부 차원의 정책·기획·평가 등에 다수 참여하였고, 최근에는 「제5차 여성과학기술인재 육성기본 계획」 수립에 분과위원장으로 참여하였다. 주요 연구 분야는 창의성 교육 및 융합교육 등으로, 저서로는 『TRIZ PRISM』과 『공학 커뮤니케이션』이 있다.

호기심 가득한 여중생의 시선

지금까지 살아온 시간들을 돌이켜 보면 나는 평범한 가정에서 지극히 평범한 학생으로 성장해 왔다. 자라면서 어르신들로부터 들은 칭찬의 대부분은 '야무지다'(이는 3녀 중 맏딸로 어린 시절 꽤나 동생들을 상대로 군기를 잡고 있던 터라…) 또는 선생님들로부터는 '이해력이 빠르다'라는 정도였으니 그다지 특출난 점이 없이 착실하게(초 · 중 · 고 12년 개근상을 받았으니 어느 정도 증빙이 되었다고 생각됨) 학교생활을 하는 학생이었다.

여타 가정과 다른 성장 배경과 환경이 무엇일까 굳이 찾아보자면 아버지가 화학공학과를 전공하시고 큰아버지, 작은아버지 모두 화학공학과나 기계공학과를 전공하셨으니 그야말로 공돌이 집안이었다.

그중에서도 아버지는 지적 호기심이 매우 많으시고 우리나라에 지적재산권이나 특허에 대한 개념이 거의 없던 시절에 특허를 취득해 아무것도 모르는 어린 나에게 자상히 설명해 주시곤 했는데, 이 정도가 다른 가정과 다른 성장 배경이지 않을까 하는 생각이 든다.

그런 가정환경 속에서 평범한 초등학생 시절을 지내고 중학교에 들어가서 과학 시간에 화학을 배우는데 '수소와 산소가 만나면 물이 된다'라는 선생님의 설명에 눈이 휘둥그레졌다.

물론 전기분해라는 과정이 있으나 '내가 숨 쉬고 있는 공기 속에 한가득 들어 있는 수소와 산소가 만나면 내가 늘 마시고 씻을 수 있는 물이 된다고?' 믿을 수가 없었다. 원소와 원소의 결합을 통해 새로운 물질의 합성을 다루는 화학이라는 분야가 중1 여중생에게는 마술로만 여겨졌다. 뭐든 원하는 물질을 다 만들 수 있지 않을까, 라는 막연한 기대와 함께….

그렇게 나는 여중생 시절을 지나면서 과학자가 되어 우리 인류에 기여할 수 있는 사람이 되자는 꿈을 가지게 되었다. 예를 들면 온통 지구를 뒤덮고 있는 폐비닐의 문제를 해결할 수 있는 물질을 개발하자는 식으로….

학교 벤치에 앉아 눈을 감으면 여중생의 감성으로 시를 읊는 대신에 하얀 가운을 입고 비커를 들여다보며 연구에 매진하는 모습을 상상하곤 했다. 궁금한 것이 너무 많아 늘 과학 시간이 되면 내가 이해 안 되는 부분에 대해 끝까지 물고 늘어지리만큼 질문을 하고, 해소되지 않으면 수업 후 교무실로 선생님을 따라가 의문을 해소하곤 했다. 그러나 실제로 실험을 통해 입증해 내지 못하는 교육 환경으로 어떤 때는 그냥 의문으로 남긴 채 아쉬움을 뒤로하고 이해하지 못하는 나의 한계를 탓하곤 했었다.

미래의 희망진로를 가지게 되면서 보다 학업에 집중하게 되면서 '성실한 학생'에서 '우수한(?) 학생'으로 인정받게 되었다. 교육 환경이 뒷받침해 주지 못하는 한계를 익히 경험한 탓에 선생님의 추천으로 고등학교 진학 시 과학고등학교를 가고자 하였으나, 지금은 말도 안 된다고 생각하겠지만 그 당시에는 남학생만 가능하다는 선생님의 얘기를 듣고 최초로 진로의 좌절을 맛보게 되었다.

입시에 좌초된 호기심, 그리고 다시 꿈꾸는 미래

고등학교 진학에 일찍이 좌절을 맛본 이후 일반계 고등학교에 입학하였으나 그 당시 매우 드물게 있었던 남녀공학 학교에 입학하게 되었다. 그나마도 2회 입학생인데 1회 선배들은 모두 남자인 학교에….

딸만 있는 집에서 자란 나에게는 매우 낯선 환경이었으나 신설 학교의 특성상 대학 진학률이 향후 지역에서 학교가 제대로 뿌리를 내리는 데 바로미터가 된다는 선생님들의 똘똘 뭉친 사명감으로 1학년 때부터 아주, 매우, 극한 입시 위주의 교육 환경에 마주하게 되었다. 매번 시험을 볼 때마다 성적순으로 자리를 바꾸고 학교 도서관도 성적이 되어야만 입실이 가능한 그런 환경 속으로….

호기심 많은 여중생이었던 나는 여전히 고등학생이 되어서도 궁금한 것도 많고 알고 싶은 것도 많았으나 입시 위주의 환경에서 더 이상 질문을 할 수 없었고, 그런 시간들이 쌓여 가면서 나는 무덤덤한, 그냥 지식 편식자로서의 평범한 입시준비생이 되어 갔다.

그런 현실 속에서 나는 당시 전통 있는 공과대학이라는 주변 어른들의 추천을 받아 인하대학교 공과대학을 선택하고, 아버지가 화공과와 유사한 섬유공학과를 추천하셔서 인하대학교 공과대학 섬유공학과에 입학하게 되었다.

이런 입학 과정에서 어머니는 여자로서 보다 평탄한 삶을 살기 원하셨기 때문에 교대를 가서 선생님으로 살면서 좋은 곳에 시집가길 바라셨지만, 누구의 사모님으로 살기보다는 '한지영'이라는 이름으로 나의 인생을 살고 싶었기에 내 의지대로 진로를 정했다. 이러한 어머니의 희망은 대학에 와서 교직 과정을 신청하면서 어느 정도 상쇄하는 것으로 대응하였다. 세상에는 늘 타협이라는 접점이 생기게 마련이라는 것도 알게 된 계기였다.

희망의 날갯짓이 꺾이다

대학을 들어가서 여러 새로운 경험을 하는 과정에서 2학년 때 물리화학을 가르치는 교수님이 새로 부임하셔서 과제 수행을 위한 연구생을 모집한다는 공고를 보고 바로 지원하였다. 지금은 학부 연구생이 흔히 있는 일이지만, 그 당시에는 거의 보기 힘든 상황으로 나는 3학년부터 학부 연구생으로 연구실에 들어가서 폭탄물의 성능을 강화시키기 위한 국방과학연구소 프로젝트에 참여하게 되었다.

이런 과정을 통해서 다시금 새롭게 과거 꿈꿨던 미래에 대한 희망을 키워 갔다. 학부생으로서는 꿈도 꾸지 못했던 실험을 위한 기구 설계부터 고가의 시약을 구매하고 합성 반응 결과를 지켜보고 반응물을 밤새 분석하면서 위험한 시약의 냄새조차 향수처럼 맡으며 행복한 날들을 보냈었다.

이러한 과정을 거치면서 대학원 진학은 당연한 과정으로 여겨졌다. 그러나 교직 과정을 하게 되면 4학년 때 한 달간의 교생 실습을 해야 하는데, 이 시기에 어머니가 큰 사고를 당하셔서 연구실 생활과 교생 실습, 그리고 병간호를 모두 해야 했다. 내가 현실적으로 포기할 수 있는 것은 연구실 생활이었다. 이렇게 나의 미래를 위한 힘찬 날갯짓이 꺾이는 두 번째 순간이었다.

새로운 진로를 위한 방황의 시간들

　내가 그렇게 학창 시절부터 원했던 공학자의 길, 과학자의 길을 전부 포기하고 나서 대학 졸업 후 처음 근무했던 곳이 고등학교였다. 교사로서 어린 학생들의 똘망똘망한 눈동자를 보면서 의욕을 가졌으나 사립학교가 갖는 한계를 인식하고 실망도 많이 했다.

　주변 어른들의 온갖 만류를 마다하고 학교를 그만둔 후 다시 전공 분야의 대학원을 진학할까 고민했으나 약 2년이란 시간이 공학 분야에서는 매우 큰 간극임을 인식하였다. 나보다 성적이 좋지 않은 친구들도 대기업에 지원하면 바로 합격하는데 나는 그마저도 쉽지 않아 자존감이 바닥에 추락하는 상황….

　앞으로 무엇을 해야 할지 뿌연 안개가 전혀 걷힐 기미를 보이지 않았다. 길지 않은 인생의 시간 동안 내가 겪었던 공학이라는 전공과 교사 자격증, 그리고 교사의 경험 모두를 살릴 수 있는 길이 무엇인지 그 당시 나는 전혀 알지 못했다.

　그러던 중 중앙교육진흥연구소에서 공업, 기술 교과의 모의고사 문항 출제와 교재 발간 업무를 하는 과정에서 농·공·상 모든 산업 분야 사람들이 모여 교육을 연구하는 대학원 전공이 있다는 정보를 접했다. 그래서 바로 대학원 입시 준비를 하여 서울대학교 농산업교육과 석사 과정에 진학하게 되었다.

새로운 곳에서 새로운 학문을 하면서 내가 공학을 전공하며 느꼈던 깊지만 좁은 관점을 스스로 깨야 하는 어려움의 시간과 나의 외연을 확장해 나간다는 기쁨을 같이 경험할 수 있는 시간이었다. '학습 총량의 법칙'이 있다는 말을 신조로 생각하면서 학부 때 열심히 공부하지 않은 것까지 메우기 위해 밤을 새워 가면서 열심히 공부하고 프로젝트를 수행하면서 실력을 쌓아 나갔다.

당시 내가 입학한 서울대 농산업교육과는 전일제 대학원생으로 타교 학생이 전무하여 내가 1호일 만큼 외부 학생들에게 호락호락한 학습 환경이 아니었다. 게다가 기혼의 타 대 여학생이 적응하기에는 쉽지 않은 환경이었다. 그랬기에 이후 나와 같은 처지의 후배들에게 누가 되지 않도록 더 열심히 공부했고, 이런 노력의 결과로 박사 과정까지 무난하게 잘 마무리할 수 있었다.

내가 찾은 정체성과 새로운 비전

우리나라 최고 두뇌들이 모인다는 대학에서 석·박사 과정을 하면서 내가 노력하면 그들과 어깨를 나란히 할 수 있다는 자신감을 갖게 되었다. 박사 과정을 수료하자마자 학교에서 수료생들에게 1년 외국대학 연수 기회를 제공하는 프로그램이 생겼다.

나의 한계에 도전하고 싶어 신청한 것이 선정되면서 미네소타 주립대학에서 연수하는 기회를 가질 수 있었다. 이 과정에서 미국 교수들과 함께 연구하고 토론하면서 내가 노력하면 국내뿐 아니라 해외에서도 연구자로서 큰 손색이 없음을 확인할 수 있었다.

질문 많았던 호기심 가득한 여중생은 커서는 '모르는 게 창피한 것이 아니라 모르는데 알려고 하지 않는 것이 창피하다.'는 생각을 하게 되었고, 그런 생각은 '모르면 일단 해 보고, 안 되면 그때 원인을 분석하면서 해결해 나가자.'라는 가치관으로 바뀌었다. 이러한 태도는 스스로 스트레스를 조절하는 데에도 많은 도움이 되는데, 그래야 내가 좋아하는 일을 지치지 않고 오랫동안 할 수 있기 때문이다.

한국으로 돌아와 박사 학위 취득 후 정부산하기관의 국책연구소에서 연구원으로 일하다가 나의 전공과 경험을 모두 살리고자 아주대학교 공학교육혁신센터로 이직하면서 본격적으로 공학교육 분야에서의 연구 커리어를 쌓아 갔다. 이전까지는 공과대학에서 가르치는 것이 전부인 것으로 인식되었으나 우리나라 미래의 먹거리인 공학기술 분야의 인재 양성에 대해 정부 차원의 지원이 본격화된 시기였다.

나는 때마침 교육부 지원의 공과대학 공학교육인증, 산업자원통상부 지원의 한국여성공학기술인협회 및 공학교육혁신센터 사업, 과학기술 정보통신부 지원의 공과대학 특별위원회 및 한국여성과학기술인육성재단 관련 연구 및 사업수행 등 우리나라의 공학교육과 관련하여 중앙부처 차원에서 추진되는 많은 연구와 기획 및 평가 등에 참여할 수 있는 다양한 기회를 가졌다. 그간의 나의 경험과 학문적 배경을 모두 활용할 수 있는 기회가 온 것이니 얼마나 고마운 일인가?

그러나 누구보다 많은 경험을 가졌고 학문적으로도 탄탄한데 왜 나는 제대로 자리를 잡지 못하는 걸까? 전공 칸막이가 높은 대학교에서 새로운 분야의 정식 교수가 되는 것은 요원하기만 했다.

제9회 여성공학인대상 교육부문 시상식

제13회 대한민국 청소년발명(과학)아이디어 경진대회 지도자상 시상식

많은 좌절과 번뇌의 시간이 있었으나, 나만의 노력으로 해결될 문제가 아니라 해당 분야의 생태계가 형성되어야 가능한 일이기에 신세 한탄만 할 수는 없었다.

그런 현실 속에서도 나의 경험치를 필요로 하는 곳은 늘 있기에 자리에 연연하기보다는 나의 내실을 다지자는 마음으로 하루하루 살다 보니 이제는 대학 교수로서 안정적인 자리도 확보하게 되었다.

미래의 여성 공학도에게 하고 싶은 말

이런 생각을 해 본다. 내가 어머니의 희망대로 교대를 먼저 입학하고, 그 이후 어떤 필요에 의해 석사 과정으로 공학을 하려고 했다면 얼마나 힘들었을까? 내가 공학을 먼저 했기에 그 이후 좌절된 시간 앞에서 새로운 길을 모색하는 데 큰 탈 없이 고비를 넘길 수 있지 않았을까 하는 생각을….

생각이 여기까지 머물다 보니, 내 인생 전체를 놓고 봤을 때 공학은 내 인생의 보험이었고 선물이었던 것이다. 공학이 내 진로에, 내 인생의 밑거름이 되어 그 이후 내가 하고 싶은 전공을, 내가 하고 싶은 일과 연구를 맘껏 할 수 있었던 것이 아닌가?

이 글을 보게 될 미래의 여성 공학도들이 살아가게 될 세상은 내가 살아왔던 세상보다 과학기술이 더 중요해지고 세상의 중심이 되리라는 것에 많은 사람들이 공감할 것이다. 나의 적성이 어디에 맞을까, 내가 무엇을 좋아하고 무엇을 더 잘할 수 있을지 확신하지 못한다면 단연코 먼저 공학을 선택하고, 관심이 가는 세부 전공 분야를 하나 정해 나아가라고 말해 주고 싶다.

그러다 보면 생각할 수 있는 힘, 적응할 수 있는 힘, 해결할 수 있는 힘이 생겨서 그다음 단계도 어렵지 않게 잘 넘어갈 수 있을 것이다. 왜냐하면 공학은 문제 해결 프로세스를 배우고 인류를 이롭게 하기 위해 모든 자원을 활용하는 것이니까.

그리고 그 속에서 세상 변화의 흐름을 보면서 자기만의 새로운 융합 분야를 찾아 나가면 여러분들이 원하는 기회는 반드시 올 것이고, 어느덧 스스로 원했던 인생을 살게 될 것이라고 믿어 의심치 않는다.

여러분, 100세 시대에 '엔지니어링 보험' 한번 들어 보지 않으실래요?

PART 3

'믿음'

무엇이든 할 수 있다는

마음가짐으로

Perfect Days!
Perfect Life.

허 정 림

건국대학교 사회환경공학부 학술연구교수

이화여대 환경교육학 석사를 마치고 환경공학 박사 학위를 받았으며 현재 건국
대학교 사회환경공학부 학술연구교수로 가상,증강현실, 메타버스 등 4차산업을
활용한 환경교육콘텐츠 연구를 하고 있다. 현재 한국교육환경보호원의 '학교 불
법촬영 근절 및 예방 사업단' 단장으로 겸직하며 공공을 위한 일에 매진하고 있
다. 환경을 지키는 일은 교육을 통해 인식과 태도를 바꿔야 한다는 소신으로 환
경시민단체와 지역사회를 중심으로 발로 뛰어온 활동가이자, 환경 이야기라면
어디든 누구든 소통하고자 달려가는 환경전문 강연자이다. 저서로는『재미있는
환경 이야기』,『집이 우리를 죽인다, 집! 독과의 동침』,『인류세 쫌 아는 10대』등
다수가 있다.

평범하지만 완벽한 하루를 시작할 당신에게

도쿄 시부야의 화장실 청소부 '히라야마'는 그만의 루틴을 즐기며 매일 충만한 일상을 살아간다. 그의 하루는 반복의 일상이어도 전혀 지루하지도 외롭지도 않다. 그저 소박한 그의 방에 이른 아침이 찾아오면 매일 똑같은 일상의 반복이 기다리고 있다.

영화 《Perfect Days》 포스터

누군가는 어쩌면 초라하게 여길 그의 하루는 아침이면 으레 하는 수염을 다듬는 일조차도 어쩌면 숭고한 의식을 치르듯 정성스레 시작한다. 출근길 숙소 앞 자판기 캔커피를 마시고 아침 해로 붉게 물드는 익숙한 길을 따라 일터로 달린다. 이미 차 안엔 카세트테이프에서 올드 팝이 흘러나오고 있었고, 그는 차를 타고 달리는 동안 그만의 작은 세계 속에 젖어 든다.

어쩌면 남들은 별거 아닌 일로 치부할지도 모를 일터인 화장실 청소를 그는 진심을 담아 최선을 다해 일한다. 비록 편의점 샌드위치로 도심 공원의 남루한 벤치에 홀로 앉아 점심을 소박하게 때우지만, 그 순간에도 나무 사이에 비치는 햇살을 오랜 세월의 때가 묵은 필름 카메라로 담을 때 그는 이 세상 누구보다 평화롭고 아름답다.

퇴근길엔 하루의 피로를 푸는 동네 목욕탕에 가서 따뜻한 탕에 몸을 담그고, 자전거를 타고서 노을로 붉게 물들인 강 건너에 있는 단골 식당에 가는 것도 일상의 낙이다. 가끔은 단골들에게만 들려주는 선술집 여주인의 노래를 들으며 여유로운 시원한 맥주 한잔을 마시며 듣는 옆 좌석 남자의 시시콜콜한 농담조차도 즐겁다.

가끔 헌책방에서 너무 보고 싶었던 소설을 발견하는 즐거움이 다다미 방 소박한 자리를 꽉 채우는 설렘으로 바뀌는 순간, 책을 읽으며 마무리하는 그의 일상은 퍼펙트한 하루로 마감한다. 아니, 그의 하루가 일상의 루틴으로 꽉 찬 순간, 그의 입가에 미소가 노을빛처럼 번지며 행복이 묻어날 때 비로소 하루의 마침표를 찍는 완벽한 순간이 된다.

평범한 하루에 감사하는 인생의 지혜

늙고 초라한 비슷한 연배의 남자 주인공이 보여 주는 하루의 일상이 반복되는 이 영화가 어쩌면 지루할 수도 있고 덤덤한 식어 빠진 율무차 같을 수도 있지만, 꽤 긴 여운을 남겼나 보다.

오랜만에 만난 대학 동창인 우리는 한참을 영화를 보고 나와 장맛비를 불러올 것 같은 바람으로 머리를 흩날리며 광화문 거리를 그저 걸었던 것 같다. 낮부터 만나 밥도 먹고 수다도 모두 마쳐 영화 보고 헤어지려던 계획을 바꿔 영화 이야기를 안주 삼은 술 한잔까지 긴 저녁 여정을 함께했다. 그것도 서대문 영천시장 근처까지 걷고 헤매면서 레트로 감성 물씬 풍기는 전설의 페리카나 치킨집에서….

우린 영화의 여운을 이야기했다. 영화에서 그려졌던 것처럼 무료하게까지 느껴질 수 있는 특별할 것 없는 그의 하루는 어느 날, 사이가 소원한 조카가 찾아오면서 그의 반복되는 일상에 작은 변화가 생기고 철없는 아들 같은 동료의 부재로 인한 업무 과부하로 일상의 루틴이 무너지면서 그의 행복한 하루가 불편한 하루로 되듯, 우리 모두는 반복되는 일상 속 무탈한 하루의 소중함에 공감했다. 매일의 평범한 하루의 일상에 감사해야 함을 느꼈다.

나의 가족, 행복이라는 세잎클로버

흔히들 '범사에 감사하라'고 하지만 반복적인 일상에 대한 불만으로 가득하게 되고, 오지도 않은 미래에 대한 막연한 불안과 기대로 오늘이 망가지는 순간의 실수를 인지하지도 못하고 오늘의 소중함을 잊은 채 살아가고 있는지도 모른다. 흔히 발견하기조차 힘든 '행운'이라는 네잎 클로버를 찾아 헤매는 인생을 쫓아다니다 결국 '행복'이란 이름의 수많은 세잎클로버를 소중히 여기지 못하고 심지어 짓밟고 살아가고 있지 않은지 반추해 봐야 한다.

그것이 소중한 가족임을 느낄 때는 이미 늦었을지도 모른다. 늘 가까이 있고 늘 내게 관대하며 어쩌면 나조차 포기하고 싶은 순간에도 나를 위해 희망을 노래해 줄 나의 가족은 행복의 세잎클로버라는 것을 잊어서는 안 된다. 아이가 내 커리어를 막는 존재로, 남편이 나를 돕기보다 짐스럽게 느껴지는 존재로 여기는 순간 불행해진다. 내 인생의 성적표는 성공이 아니고 결혼을 했든 안 했든 가족 안에서 행복했는가 하는 정성적 지표이다. 가족이 평가해 줄 나만의 만족이다.

세잎클로버

나는 멀리 있어 오지 않을 것만 같았던 환갑을 맞이하게 되었다. 어느 날, 문득 지친 일상을 살아가면서 우울해지고 있는 내 자신이, 번아웃이라는 병에 걸려도 아플 틈새도 없이 일에 매몰되어 살아갈 때조차도 보지도 느끼지도 못했던 것들이, 나이 60이 되니 보이고 느껴진다. 뒤돌아볼 틈 없이 앞만 보고 달려온 내가 뒤를 돌아보게 된 것이다. 비로소 내가 살아온 날들을 돌이켜 보니 참 열심히 치열하게 버티며 살아온 것 같다.

물론 나의 지난날이 나 스스로에게 '나 참 잘했어.'라고 말해 주고 싶을 만큼 대견하다. 하지만 최선을 다한 노력과 열정을 다해 근성으로 버틴 지난 내 삶일지라도 결국 내가 남긴 흔적은 무엇일까 생각하게 되는 건, 소중한 일상의 행복을 많이도 놓치고 살아왔었던 가족에 대한 미안함이 무겁게 마음에 추처럼 매달려 있기 때문이다.

환경 시민활동가로서의 삶, 그 후

최근에 난 사랑했던 후배의 슬픈 부의 소식을 접하면서 나의 인생을 또 한 번 반추했다. 나는 결혼이란 걸 하고 아이 둘을 낳고서야 엄마라면 누구나 그러하듯 책임감을 비로소 갖게 되었던 것 같다. 내 아이가 살아갈 미래에 대한 환경 문제에 관심을 가지고 환경으로 전공을 바꾸면서까지 늦깎이 석사 공부를 하고 시민사회단체에서 치열하게 일했다.

그때 나와 비슷한 연배였고, 경단녀로 시민사회 활동가로 만난 이 후배와 나는 기득권층이었던 소위 단체장인 여성 시민활동가 몇몇으로부터 상처와 부당한 대우를 견뎌 내야만 했었다. 우리는 공정하고 선한 사회를 만들어 내고자 한 서로의 선택에 대한 자긍심을 새기며 함께 위로했었다. 그때 '환경'이라는 같은 길에 서서 몸을 사리지 않고 즐기며 일했던 우리의 열정을 누구도 막을 수는 없었다.

하지만 나는 눈물로 버티며 공공을 위한 멋진 성과를 거둔 5년의 세월을 뒤로한 채 결국 학업의 길로 다시 들어서게 되었다. 반면에 그 후배는 당당히 단체장까지 하게 되었고, 그 이후로도 지역사회의 아주 좋은 리더로서 세상을 선함으로 가득 채워 나갔다.

그랬던 후배가 아직은 젊은 나이에 유명을 달리했다는 소식에 억장이 무너졌다. 서로를 위로하며 눈물을 함께 흘리며 미래 세대도 함께 살아갈 세상을 만들자 다짐했던 그날들이 주마등같이 스쳐 갔다.

그녀와 꿈꾼 세상은 어쩌면 오지 않을지도, 더 힘들지도 모른다. 하지만 그녀가 보여 준 따스한 인간관계의 편린들은 나를 포함한 많은 이의 마음에 남아 그녀가 못다 이룬 길을 또 누군가는 희망차게 걸어갈 것이다.

『세상을 바꾸는 여성 엔지니어』의 집필진 모집 메일을 보고 과감히 부족한 글솜씨에, 뭐 대단할 것 없는 인생을 살아온 나임에도 한 번 응모해 볼까를 고민하게 된 것도 그녀 때문이다. 시민사회라는 명분하에 옳음과 선함을 대변하는 조직의 정체성을 뒤로하고 개인의 잘못된 리더십으로 인해 꿈을 선회해야 했던 나의 경험을 상기하게 되었고, 반면에 열망했던 길을 포기한 나와 달리 본인이 당한 부당했던 과거의 답습이 아닌 여성의 강점인 공감의 리더십으로 열정을 가지고 뒤따라오는 후배들에게 울림을 주고 간 그녀를 기억하고 싶어서였던 것 같다.

인생의 항로를 바꾸게 할 만큼 리더는 중요하다

'여자의 적은 여자이다.' 이 말은 우리 세대 여성이라면 사회의 첫발을 시작할 때 늘 들었던 것 같다. 그리고 그만큼 또 많이 겪었던 익숙한 사회 경험이기도 하다. 지금은 갑질이고 성 차별이다 하면서 감히 생각하지도 못할 일들일지 모르지만, 예전엔 흔한 일이었다. 물론 나의 개인 성향의 차이(자유롭게 의사를 표현하는 선택의 삶을 살게 키우신 부모님 탓이라도 해야 하나?) 때문에 남보다 좀 더 심한 일을 겪은 것인지도 모른다.

하지만 본인의 취향에 맞지 않는 부류로 분류하여 인간적인 이해와 포용보다 부당하게 대했고, 그럼에도 사람들과 소통하면서 최선을 다해 일했으나 인정은커녕 도전적으로 느껴 견제하며 차별과 상처를 주었었다. 물론 내가 만난 잘못된 여성 상급자의 리더십은 늦깎이 공부를 하면서까지 전문성을 갖춘 지금의 내가 될 수 있었던 계기가 된 것도 사실이다. 하지만 비록 적은 보수로도 충분히 행복하게 내 일을 사랑한 용감하고 당당했던 한 여성의 길을 접게 하고 다른 길로 가게 만들었다는 것은 내겐 아픈 과거이며 깊은 상처가 되었다.

혹자는 그때 흘렸던 눈물과 치열하게 도전하고 버틴 근성이 지금의 나를 만들었다 할지는 모르겠지만, 과연 그럴까? 그때 따뜻한 넉넉한 인정으로 선배로서 가르쳐 주고 기다려 주면서 아낌없이 칭찬해 주었다면 아마도 난 내가 가고 싶었던 여성 시민활동가로 살아남아 지금과 또 다른 길에 당당히 서 있을 것이다. 시민들과 호흡하고 사회를 변화시키고 더 좋은 방향으로 가는 환경운동가의 길을 걷고 있을 것이다.

그러나 한 여성의 잘못된 리더십은 나를 다른 길로 걷게 했다. 사실 당시는 그만큼 기득권층의 횡포에 가까운 부당한, 매우 주관적인 일들도 또한 너무도 흔한 일이었던 때이기도 했다. 리더의 부당함이 정당화

되고 무리한 요구나 차별도 용인되던 때가 있었다. 그런데 왜 여성이 여성을 더 견제하고 부당한 차별을 하는가? 이건 딱히 여성이어서도 여성이기 때문도 아니고 그저 못난 사람, 특히 피해의식으로 자존감이 낮은 사람들이 리더가 되었을 때의 행태일 것이다.

그럼에도 여성이 여성을 견제하고 상처를 주고 결국 인생의 행로를 바꾸게 하는 것은 더 씁쓸한 여운을 남긴다. 같은 여성으로 더 이해하고 지지해 주었더라면, 비록 도와주지 않을지라도 부당하게 밟고 누르지만 않았더라도 스스로 잘 버티고 서서 달려갈 수 있었을 것이기 때문이다.

나이 60에 후배에게 나누고픈 이야기

돌이켜 보니 지난 나의 삶이 참 녹록지 않았다. 물론 누구의 삶도 나 못지않을 것임을 안다. 하지만 내가 가고자 노력하고 열심히 달린 그 길을 돌아서 다른 길을 가기 위해 치열하게 또 더한 노력으로 처절하게 살아온 나로서는, 그때 그 사람이 아닌 내 후배처럼 인간적이고 따스한 여성 리더를 만났더라면 내 인생은 또 어떻게 그려지고 또 세상에 다른 흔적으로 남겨지지 않았을까 하는 생각이 아쉬움으로 남는다.

이제 나는 60이 되고 보니 죽음을 생각하게 된다. 부모님을 보내 드릴 나이가 되고 보니 비로소 내 죽음과 마주할 때를 담담히 그려 보게 된다. 내가 죽어 영안실 내 영정사진을 보면서 사람들은 '저 여자 이 세상을 참 잘살다 간다.'고 하기보다 '저 여자 참 열심히 살았지만 불쌍하다.'고 할 것 같다는 생각이 문득 들었다. 열심히 살았지만 준비하고 고

심한 길을 우회해 가면서 버텨 온 내 지난날이, 애쓰며 살아온 세월이 짠하다. 그저 치열한 전투에서 승자든 패자든 느끼게 되는 깊은 피로감이 몰려온다.

내가 감히 여성 후배들에게 무엇을 조언할 만한 사람은 못 된다. 그러나 공자가 이런 말을 남겼다고 한다. "산 위에 우뚝 솟은 소나무는 언젠가는 바람이 시샘을 해서 넘어뜨린다. 그러니 숲속의 나무 중 하나로 살아가라."

이 말은 내가 대학 시절 어떤 선배가 해 준 말이었는데, 내겐 아직도 풀지 못한 숙제로 살아가고 있다. 그러나 이제는 말해 주고 싶다. 우뚝 선 소나무보다 숲속 나무 중의 하나로 살아가는 지혜를 찾아보라고 후배들에겐 말해 주고 싶다.

그동안 나의 좌우명은 "어제 같은 오늘, 오늘 같은 내일은 살지 않겠다!"라고 당당히 말해 왔고, 그보다 더 많이 노력하고 살았다. 그런데 행복했냐고 물으면 대답하지 못할 것 같다. 어쩌면 우매하게도 행복을 배터리 삼아 소모하고 살아온 지난날이 회한으로 슬퍼진다. 다시 말해 우리가 살아온 어제는 소중한 어제였고 또 우리가 사는 오늘, 그리고 또 살아갈 내일은 평범한 일상이지만 감사한 하루가 될 것이다.

그러니 비로소 어제 같은 오늘과 오늘 같은 내일이 얼마나 소중하고 감사한 하루인지를 느껴야 한다. 나처럼 60이 되기 전에 더 눈부시게 아름다운 나이의 후배들은 더 영민하니 빨리 알아차리길 바란다.

Perfect Days! Perfect Life. 완벽한 하루가 완벽한 인생일까? 평범한 일상의 루틴으로 완벽한 하루가 행복이란 느낌표로 마감될 때 완벽한 인생은 마침표를 찍을 수 있을 것 같다.

나도, 여러분도
날마다 좋아지고 있다

최 은 서

국방시설본부 사무관

서울과학기술대학교 기계시스템디자인공학과에서 학사 학위를 취득한 후, 2000
년부터 과학기술정보통신부에서 2년간 근무하였고, 2002년부터 현재까지 국방
부에서 사무관으로 재직하고 있다. 국방시설의 전기설비 수용률 기준을 수립하
여 연간 국방예산 65억 원을 절감하는 업무 방식의 혁신으로 국방부 정부혁신 경
진대회에서 최우수상을 수상하였으며, 양성이 평등한 국방부가 되도록 여성필수
시설의 전군 보급에 기여하여 여성의 근무 여건을 개선함으로써 국방부 장관 표
창을 받았다.

국방부 정부혁신 우수사례 경진대회 1위

나도 자신이 멋지다고 생각한 최고의 순간이 있다. 국방부 정부혁신 우수사례 경진대회에서 1위를 하면서 심사위원들과 위원장의 극찬을 받은 순간이다. 국방부 일을 하는 공직자로서 5년간의 나의 노력을 인정받은 기분은 최고였으며 보람이 컸다. 이 소식은 내 사진과 함께 국방일보에 실려 자랑하고 싶은 내 생애 최고의 순간으로 마음속에 저장되었다. 아래 사진 속 주인공으로, 최우수상 상금 100만 원 푯말을 들고 있다.

2023년 8월 10일자 국방일보에 실린 기사

국방부에서 나는 전쟁과 관련된 건축물을 짓는다. 작전지휘소, 전투기 정비고, 탄약고, 병영생활관 등 국방시설을 기획하고 설계를 통해 건설한다. 그중에서 전기 분야가 내 전공이다. 전쟁 중에도 전기가 문제없이 국방시설에 공급되도록 하며, 평소에는 편리하게 이용하도록 지원한다.

내가 경진대회 1위로 평가받은 업무는 국방시설에 전기요금이 적게 들도록 기준을 만들어 전군에 적용한 성과다. 군 특성에 맞는 전기설비 수용률 기준 마련 등 업무 수행 방식의 혁신으로 연간 65억 원의 국방 예산 절감이 기대된다는 점이 높이 평가되었다. 과거의 변압기 용량 산정을 위한 수용률 기준은 변압기 용량과 한전 계약용량을 과도하게 높이는 문제가 있었으나, 국방부 자체 기준 수립을 통해 전기설비가 적정 용량으로 개선되도록 큰 역할을 한 것이다.

기술직 분야에서 유일한 여성

2002년 국방부조달본부에 입사했을 때는 건설 분야 필수 직종인 건축·토목·기계·전기 등 기술직 분야에서 나는 유일한 여성이었다. 그 당시 군부대로 출장을 가면 여성 화장실이 없어 곤욕을 치르곤 했다. 22년이 지난 지금의 국방부는 여성 비율이 상당히 높아져 화장실과 샤워실을 갖춘 여성필수시설이 전군에 보급되어 있다.

지금 내가 근무 중인 국방시설본부는 건설 분야로 특화되어 발전하고 있는 남성 중심 공병부대다. 현재 고위기술직에서는 여성이 없지만 머지않아 배출될 것으로 보이며, 신입 직원 여성 비율 증가세로 볼 때 10년 후에는 여성 수가 남성 수를 넘어서리라 예상한다.

국방시설본부는 전쟁에 필요한 모든 건축물을 건설하는 곳이며, 다양한 직종이 팀을 이루어 일한다. 토목직이 중장비로 땅을 평평하게 하면 건축직이 그 위에 건물을 짓고, 기계직이 건물 속까지 물과 바람을 공급하면 전기직이 빛을 밝히고 통신이 되게 하는 식이다.

그동안 나는 국방시설을 지으러 접경 지역부터 제주도까지 전국의 군부대로 출장을 다녔다. 군사작전에 필요한 건축물을 눈에 띄지 않게 짓거나 폭탄이 근처에서 터져도 무너지지 않고 그 속에서 생존할 수 있도록 건설하는 일은 대한민국을 위해 꼭 필요한 일이라는 사명감을 갖고 근무했다.

학교와 전공을 성적에 맞추면

지금의 직업을 갖기 위해 언제부터 내가 노력했을까? 돌이켜 보니 대학교를 졸업할 때까지 상상조차 하지 못한 일이었다.

중학생 시절부터 내 꿈은 치과의사였다. 앞니가 벌어진 모습을 그리며 놀리던 친구 때문에 콤플렉스가 컸었다. 그 부끄러움은 이를 드러내고 웃지 못하는 상처를 만들었지만, 오히려 내 꿈을 자라게 했다. 고등학생 시절 대입 모의고사를 보면서 오르지 않는 성적이 나의 발목을 잡고 치의대란 목표를 좌절시켰다. 특기나 특별히 관심을 둔 학과가 없어 성적에 맞는 학교와 전공을 찾아 헤매면서 나는 불안이 생겼고 힘들었었다.

혹시 여러분 중에 이런 불안으로 힘듦이 있다면, 이랬던 나도 지금은 나름 괜찮은 삶이니 이 글을 통해 조금이라도 마음의 여유를 찾길 바란다.

나는 성적에 맞춰 대학교를 진학했다. 자동화 공학을 전공했는데 공장 자동화 시스템에 관한 지식을 배웠다. 컴퓨터 프로그래밍, 기계공학, 제어공학, 유체역학 등을 공부했고 선배들은 로봇 축구대회 출전을 위해 열을 올렸었다. 학교 성적은 우수했지만 전공 수업은 힘들기만 하고 내 관심을 끌지 못했기에 대학교 4학년 때 진로를 과감하게 바꿨다. 그것이 전기공학이었고, 전기과에서 전공 수업을 들으며 열심히 공부해 전기 관련 자격증을 따는 데 성공했다.

남성들의 공간에 여성이 들어가면

대학 졸업 후 나는 과학기술정보통신부 산하 동서울우편집중국에서 9급 공무원으로 일했다. 우편집중국은 어마어마하게 큰 기계들이 24시간 돌아가고 있어 마치 커다란 공장 같았다. 대형 우편 봉투나 택배 상자가 커다란 접시를 타고 빙빙 돌다가 미끄럼을 타고 같은 우편번호끼리 한곳에 모이면, 큰 트럭에 싣고 전국의 우체국으로 이동한다. 지금은 물류센터가 많이 생겨났지만, 2000년도는 집배원 아저씨가 쿠팡맨처럼 일하던 시절이었다.

이렇게 큰 공장의 중앙통제실이 내 일터였고, 각종 기계의 고장 수리, CCTV, 엘리베이터 등을 24시간 관리했다. 이곳에서 나는 유일한 여성이었고, 여성 수면 공간이 없어 주간 근무만 했다. 24시간 교대 근무를 하는 남성들은 사무실 한편에 마련된 침대에서 한밤중에 잠시 눈을 붙이며 일했다. 스멀스멀 퍼지는 불편한 냄새가 아침에 출근한 나를 맞이하는 것은 흔한 일이었다.

첫 직장을 상상해 본 적이 있는가? 첫 직장에 대한 기대를 채우지 못했던 나는 다른 직장으로 옮기고 싶어졌다. '이렇게 사는 것보다 더 나은 삶은 없을까? 자격증이 필요한 전문직을 해 보는 것이 어떨까? 특허청이 근무지면 변리사라는 전문직을 가질 수 있을까?'

이런 생각들이 올라오자 다시 한번 공무원 시험에 도전해 특허청에서 일하고 싶어졌다. 최선을 다해서 공부했지만 높은 경쟁률을 뚫지 못하고, 시험에 뚝 떨어졌다. 낙심하던 차에 친구를 따라 시험 보러 갔다가 딱 붙은 곳이 국방부다.

세 딸이 엄마와 같은 길을 간다면

나는 초등학교와 중학교에 다니는 세 딸의 엄마다. 같은 부모 아래 같은 성별이라도 아이마다 다른 기질을 갖고 태어난다. 성별이 모두 딸이니 비슷하게 대했다가 딸들의 오해를 샀고, 딸들과 언쟁을 벌이기도 하면서 기질의 차이를 체험했다.

세 딸 중 한 아이라도 공대에 진학한다고 하면 나는 어떤 마음이 들까? 그리고 나와 비슷한 직업을 갖는다면 부모로서 응원할 것인가? 이 글을 쓰면서 아이들의 직업을 구체적으로 고민해 보았다. 지금까지 딸들의 꿈 이야기는 하늘의 무지개처럼 존재했었다가 딸의 직업에 대해 남편과 대화를 나누며 삶의 무게를 달고 땅으로 내려왔다.

건축공학을 전공한 남편은 건설회사에 다니며 나와 비슷한 일을 한다. 딸들이 공대생이 되고 건설업을 한다면 아마 그 길이 우리집 가업으로 발전하게 되지 않을까? 상상해 보면 입가에 옅은 미소가 번진다. 남성 중심의 집단에서 여성이 겪을 불편함은 분명히 있어 아직은 험난한 길이라 예상하지만, 내 딸이 간다면 응원할 것이다. 왜냐하면, 내 딸들의 성향은 이 길을 가기에 충분하고, 전문직 여성으로서 당당히 일할 것이라 여기기 때문이다.

민간 건설업체에서 20년째 일하는 남편은 여성의 건설업 진출로 관공서 인허가 업무 처리가 투명해졌음을 느낀다고 말한다. 건설업계 공무원의 여성 비율이 늘어나면서 생긴 좋은 현상이다. 여성 특유의 섬세함과 규정을 준수하는 성향으로 인해 건설업계가 많이 정화되었고 청렴하게 발전하고 있음을 나조차 느낀다.

특별한 재능이 없는 것도 좋다

여러분이 진로 고민을 깊이 하는 것은 좋다. 이 고민은 앞으로 살아가면서 계속 함께할 고민이니 불안해하지 말라고 나는 말해 주고 싶다. 도전해 보고 아니면 바꾸면 된다. 또한, 특별한 재능이 없는 것도 좋다. 뛰어난 재능이 없어도 나중에는 제 역할을 톡톡히 해낼 것이니 의심하지 마라. 특별한 재능이 없는 사람은 뭐든지 할 수 있는 사람이란 사실을 알려 주고 싶다.

나도 어릴 적부터 특별한 재능이 없었으며, 그저 묵묵히 공부하면서 자랐다. 어느덧 40대 후반이 되어 돌아본 내 모습은 세 아이의 엄마이며 국방부 사무관이 되어, 가정에서나 국가에서나 중추적인 존재로 대한민국의 미래에 한몫하고 있다.

뚜렷한 재능이 없는 사람이라면 그저 묵묵히 학생의 본분인 공부를 열심히 하는 것만으로도 좋다. 묵묵히 정규 과정의 공부를 해낸다는 것은 그 사람이 성실하다는 증거가 되며, 재능이 뚜렷하지 않다는 것은 앞으로 무엇이든 할 수 있는 사람이란 뜻과도 같다. 마치 하얀 도화지에는 어떤 색이라도 제 색깔로 표현되듯이, 특기가 없는 사람은 하얀 도화지 같은 사람이라 어떤 직업인이든 될 수 있어 좋은 것이다. 이 말에 동의할 수 없더라도 이렇게 생각하다 보면 마음속 불안함은 작아지고 편안해질 것이니, 이런 생각을 품는 것은 지혜로운 것이다.

인내와 끈기로 제 할 일을 묵묵히 해내는 것은 결코 쉬운 일이 아니다. 묵묵히 공부하다 보면 눈에 띄지 않더라도 여러분은 조금씩 성장하며 단단한 모습으로 변해 있을 것이다. 준비된 사람은 예고 없이 찾아오는 기회를 빠르게 알아보고 내 것으로 만든다.

내가 꿈꾸는 삶 속으로 가까이 다가가는 것을 상상해 보라. 여러분은 무엇이든 할 수 있는 사람이다. 그러니 자신의 가치를 알고 자신을 쭉 믿어 보자. 이 긍정의 힘이 주는 결과는 엄청날지도 모른다. 나도, 여러분도, 날마다 좋아지고 있다.

일과 가정, 그 위험한
줄타기를 하는 후배들에게

문 수 영

한국건설기술연구원 연구위원

이화여자대학교 건축학과를 4기로 졸업하고 서울대학교 환경대학원에서 도시계획학 석사, 서울대학교 협동과정 조경학과에서 공학박사 학위를 취득하였다. 2002년부터 한국건설기술연구원에서 근무하며 '미세먼지 제로 버스 정류장', '숲속 작은 도서관-노원 어울누리', '진주 가호동 돌봄 꽃집' 등 실생활과 밀접한 공간을 친환경적으로 조성하면서 도시에 녹색공간을 만드는 노력을 지속하고 있다. 현재는 진주시 상평 노후 산업단지를 저탄소 녹색 산업단지로 조성하는 업무를 수행 중이다. 개인적으로는 세 딸을 키우며 일과 가정 양립을 병행하면서 최초의 육아휴직 중 승진과 최연소 여성 간부 승진 등 '최초, 최연소'의 기록을 세우며 여성 후배들의 본보기가 되도록 노력하고 있다.

젖은 낙엽처럼 버티고 버틴 어느 공대 여자 이야기

얼마 전 연구실 후배가 회사로 찾아왔다. 2년 전 우리 회사의 입사를 고민하며 나에게 상담했던 박사 연구실 후배인데, 일이 잘 풀려 어느 기관에 정규직으로 입사했고, 딸을 키우며 잘 살고 있는 줄 알았던 후배이다. 그런데 후배는 나와 마주 앉자마자 눈물을 쏟았다. 요지는 아이를 키우며 직장 생활하는 게 너무 힘들어 포기할지 고민하다 내게 조언을 듣고 싶어 찾아왔단다. 그나마 주변에서 가정을 이루고 전일제로 일하는 얼마 없는 워킹맘 선배라 하면서.

순간 머리가 한 대 얻어맞은 듯 멍해졌다. 한참을 하소연으로 눈물짓던 후배에게 무슨 얘기를 해 줘야 하나 고민하다가 어설프지만 내가 살아오며 겪었던 일과 이를 해결했던 경험과 생각들을 두서없이 얘기해 주고 그녀가 처한 상황에서 당장 해결할 수 있는 부분에 대해 약간의 조언을 해 주고 돌려보냈다.

그날 이후로 나는 눈물 쏟던 후배의 모습이 머릿속을 떠나지 않았다. 열심히 살았고, 안정된 직장에 안착했음에도 사직을 고민하며 나를 찾아오다니. 후배의 근황에 속상한 마음이 들면서도 동시에 나는 과연 이들에게 위로와 조언을 해 줄 수 있는 사람이 맞을까 하는 생각이 계속되었다.

그러던 찰나에 『세·바·여』19기 집필을 의뢰받게 되었다. 전문가를 꿈꾸며 달려온 후배들이 일과 가정을 병행하며 좌절을 겪을 때 조금이라도 도움이 되었으면 하는 마음으로 특별한 거 없는 나의 경험을 공유해 보고자 한다.

나는 세 딸을 키우면서 한국건설기술연구원에서 연구위원으로 일하고 있다. 세 아이를 육아하면서 어떻게 그리 일을 하느냐고 주변 사람이 물으면, 나는 농담과 진담을 반반 섞어 "전생에 나라를 구했다."라고 말하곤 한다. 나의 노력이 전혀 없지는 않았겠지만, 그만큼 주변에서 많은 도움이 따라 주어 지금까지 살아남을 수 있었다고 생각한다.

어쩌면 이런 도움이 모든 곳에 존재했다면, 지금과 같은 세계 최하위 출생률을 기록하진 않았을 거 같다. 하지만 주변의 도움이 있다고 하더라도 위기는 없었을까? 너무도 많았기에 짧은 지면에 모두 이야기해 줄 수는 없지만 나의 지나온 길이 일·가정 양립을 고민하는 후배들에게 조금이라도 도움이 되었으면 하는 마음으로 글을 적어 본다.

모범 학생, 모범 직원

나는 어릴 때부터 손재주가 좋고 그림을 잘 그린다고 어른들이 '인테리어 디자이너' 하면 잘하겠다는 얘기를 들었다. 대학 입학 때 과 수석으로 장학금 받고 입학해서 대학원에서는 매 학기 장학금을 받는 모범 학생이었다.

학부 때 건축 설계를 좋아했지만, 업으로 삼을 만큼 잘하지는 못하는 걸 알고, 서울대학교에서 도시설계를 전공하기 위해 석사 과정에 입학하였다. 적성도 맞고 성적도 잘 나왔고, 특히 "환경 친화"와 관련된 주제에 손만 대면 환경부 장관상, LG 글로벌 챌린저 우수상 등 놀라운 성과를 내며 재능을 인정받았다.

26살 석사 학위를 마치자마자 한국건설기술연구원 정규직 공채에 합격했다. 전공과 연구원의 결이 잘 맞는다고 생각하고 입사했지만, 설계를 전공했는데 기술연구원에 들어오니 입사 초기 적응하기까지 쉽지 않은 시간이 꽤 오래 지속되었다.

내가 지금 포기하면 당장 나 혼자는 편할지 모르겠지만, 나로 인해 다시는 내 후배들이 입사할 수 없을 것 같다는 생각에 밤낮없이 일에 매진하였고, 그 덕에 입사 3년 만에 연구원에서 수석연구원으로 승진하였다. 우리 연구원의 역사가 40년이 넘었는데, 나의 승진 기록은 지금까지 깨지지 않고 있다.

워킹맘의 시작

결혼하고 박사 학위를 먼저 받은 남편이 박사후 과정을 하러 외국으로 출국하게 되었다. 당시 나는 박사 학위 논문을 준비 중이고, 업무와 논문, 심사를 계속하는 상황이라 남편의 부재가 오히려 반가웠었다. 하지만 학위를 취득하고 내 나이도 30대 중반이 된 와중에 아이가 없고 부부가 떨어져 있는 상황은 나에게 여러 가지로 좋지 않은 신호가 되었다.

당시만 해도 결혼하면 아이 하나는 꼭 있어야 한다는 무언의 압박이 있던 시절이었다. 의학의 도움을 받아 어렵게 쌍둥이를 가졌는데, 스트레스가 많았던 탓인지 아이들이 세상의 빛을 보지 못하게 되었다. 그 후 불면증과 우울증, 각종 부작용으로 하루하루 힘겨워하면서 사직을 준비했는데, 나의 동료와 선배들은 고맙게도 1년간 외국에 체류 중인

태교를 겸하여 출간한 번역 도서

임산부 패키지 표지모델 사진.
연구원의 임산부 배려 패키지 지침 표지
모델이 되었다.

남편 곁에서 몸과 마음을 추스를 기회를 줬다.

　계획에 없던 외국살이를 1년간 하게 되면서 여러 가지로 회복했고, 복귀 후 나는 건강한 아이를 낳으며 회사와 육아를 병행해야 하는 워킹맘이 되었다. 그리고 외국 생활의 무료함을 달래면서 동시에 태교를 겸하여 시작한 번역 책도 출간하였다.

　일과 육아 사이에서 의심과 회의에 빠지다

　아이만 낳으면 인생 고민 모든 게 해결될 거로 생각했는데, 아이의 탄생은 나에게 달콤한 지옥문을 열어 주었다. 남편이 해외 박사후 과정을 하다 보니, 나는 가족들의 도움을 받아 아빠 없는 독박 육아를 해야 하는 상황이었다. 당시 해법으로 친정과 합가를 해서 낮에는 외할머니와 이모님의 사랑으로 아이를 돌보고, 저녁 시간에 전적으로 내가 아이를 돌보는 생활을 하였다. 남편도 분기별로 휴가를 내서 짧은 시간이라도 아이를 보러 한국에 왔다. 아이가 18개월이 되는 해 남편은 외국 생활을 정리하고 한국에 돌아왔고, 우여곡절 끝에 둘째가 태어났다.

남편도 정착하고 둘째도 태어나고, 더 바랄 것이 없는 시간이 조금 흐른 후 큰아이의 어린이집 담임 선생님이 면담을 청하셨다. 우리 첫째가 어린이집 2년을 다니는 동안 말을 한마디도 하지 않았고, 유치원에 가기 전에 아이에게 도움을 줘야 할 거 같으니, 병원에 데려가 보라는 것이었다. 집에서도 말이 늦어 걱정이 많았는데, 2년간 한마디도 하지 않았다니.

청천벽력 같은 소식을 듣고 부랴부랴 아이를 검사했는데, 의사의 소견은 우리 아이가 불안하다는 거였다. 누구보다 행복하게 살려고 열심히 일하고 아이한테 헌신했는데, 부모가 일한다고 아이 언어 발달이 늦어졌다니…. 과연 일을 계속할 수 있는 걸까 의심과 회의에 빠지게 되었다.

누군가에게 답이라도 듣고 싶어 동기 중 세 아이 엄마이면서 교수인 친구를 찾아갔다. 어떻게 계속 일을 하냐는 나의 물음에 친구는 웃으면서, "내가 일을 안 하면 애들한테 공부하라고 얘기 못 할 거 같아서"라 하였다. 사직을 고민하던 나에게 가볍게 던진 친구의 한마디는 마치 내게 버틸 길을 찾으라고 채근하는 느낌으로 다가왔다.

최초의 육아휴직 중 승진을 이뤄 내다

나는 일과 육아를 병립할 수 있는 모든 제도를 조사하였고, 육아기에 휴직 대신 "육아기 근로 시간 단축" 제도를 신청하였다. 물론 승인이 날 때까지 그 과정은 정말 쉽지 않았다. 팀장과 동료에게 지금 아이의 사정을 얘기하면서 눈물로 호소했고, 부서장의 반대에도 '회사에 체류 시간만 줄이고 일은 그대로 하겠다'라는 다짐을 하고서야 겨우 승인받을 수 있었다.

근로 시간 단축 제도를 활용하면서도 나에게 떨어진 업무를 소화해 내기 위해서는 두 아이를 모두 재운 후 밤에 남은 일을 할 수밖에 없었다. 이렇게라도 하지 않으면 나는 물론이고 내 후배들도 이 제도를 쓰지 못할 거 같았다.

아이의 문제는 하루 이틀 내 쉽게 해결될 일은 아니었지만, 엄마 아빠가 아이와 함께하는 시간을 최대한 늘리려는 노력을 아이도 아는지 조금씩 말도 늘고 사회성도 좋아지기 시작했다.

그리 몇 년이 흐른 후 생각지도 않은 셋째 아이가 생겼다. 연차도 꽤 높았고, 사회 분위기도 셋째 출산이라 하니 서로 도와주려는 분위기가 되어 비교적 행복한 시간을 보낼 즈음 아이를 조기 출산하게 되었다. 조기 출산으로 인해 아이는 2주에 한 번 6개월이 될 때까지 각종 검사를 받아야 했고, 질병이 있으면 조기 치료가 필요한 시기라 출산 휴가에 4개월 덧붙여 육아휴직을 할 수밖에 없었다.

아이가 검사를 받으러 갈 때마다 아이가 아프지 않게 해 달라고 기도하면서 내 앞날의 모든 것을 가져가도 되니 제발 아이만 무사하게 해 달

셋째 아이 50일 기념 가족사진

라고 기도했다. 다행하게도 아이는 무사했고, 복직을 한 달여 남겼을 때 승진이라는 선물을 받게 되었고, 복귀 후에는 작은 조직의 센터장을 맡게 되었다.

좌초의 위기 속에서도 견디다 보면

힘들게 막내를 출산한 지도 시간이 꽤 지나 그 아이가 곧 초등학생이 된다. 아이들이 자라는 동안 친정어머니의 소천, 돌봄 해 주시는 이모님 문제 등으로 위기가 여러 차례 왔었고, 맞벌이지만 여전히 육아는 엄마 몫인 현실로 인해 여러 번 좌초의 위기를 겪었지만 "내가 지금 그만두면 우리 애들한테 본보기가 될 수 없을 것 같다."라는 생각에 힘들어도 견뎌 보았다.

아이들이 살아갈 세상에 엄마가 버팀목이 되어야 한다는 마음의 다짐으로 살아왔는데, 어느새 내가 세 아이를 키우면서도 제 역할을 하는 워킹맘이 되어 후배들의 본보기가 되고 있었다. 그리고 열심히 일하기 위해서 막내가 엄마가 일하는 사람이라는 걸 제대로 인지할 즈음 육아기 근로 시간 단축을 끝내고 유연근무제를 활용하게 되었다.

야근이 여전히 많은 남편이 주 5일 중 대부분을 야근하지만, 최소 하루 이상 내가 일에만 집중할 수 있도록 하여 업무 성과를 내도록 근무 시간을 서로 조율하였다. 그 덕에 지금은 대형 프로젝트도 맡아 진행하고, 후배들과 새로운 분야의 업무를 개척하기 위해 노력하고 있다.

진주 상평 산단 실시설계를 위한 실무회의

육아기 워킹맘에게 전해 주고픈 한마디

일과 가정 양립은 대부분의 육아기 워킹맘에게 유토피아와 같다고 본다. 나는 운이 좋아 정부 제도를 잘 지키는 연구원에서 많은 도움을 받아 일·가정 양립을 실천하고 있지만, 현실적으로 무너질 때를 대비해서 나름의 장치를 만들었다. 후배들에게 "벼랑 끝 전술"이라고 가끔 얘기하는데, 현실적으로 일 안 하면 안 될 동력, 바로 대출을 만들었다. 아이가 셋이라 한 사람 월급은 돌봄과 교육비로 고스란히 나감에도, 조금 더 큰 집을 마련하기 위해 대출을 냈다.

일과 가정 양립을 잘 만들어 놔서 더 고민이 없을 것 같은 직장 생활에도 인사고과 저평가, 승진 누락이나 대형 프로젝트 수주 실패 등 좌

장기근속자 공로장 수여식에서

절과 한계를 느끼는 순간 포기하고 싶은 생각이 들더라도, 통장에 쌓인 대출과 매달 내야 하는 이자를 보면 한 번만 더 견뎌 보자는 마음이 저절로 들게 해 주었다. 우습게 들리겠지만, 도저히 감당 안 되는 순간에는 대출이 나를 일하게 만들어 줬다.

세상에 열심히 사는 사람은 참 많다. 그리고 뛰어난 사람도 정말 많다. 그러나 결혼과 임신, 출산의 과정을 거치면서 어쩔 수 없는 현실에 가정을 선택할 수밖에 없는 수많은 선배, 친구, 동생들을 보며 내게 베풀어 준 주변의 배려와 각종 제도에 감사한 마음뿐이다.

그러나 배려와 제도가 뒷받침되더라도 여성들에게 일과 가정 양립은 정말 힘들고 어려운 길이다. 지금, 이 순간 본인에게 처한 현실에 고민하는 후배가 있다면 따뜻하게 안아 주면서 딱 한마디 해 주고 싶다.

방법을 찾아 딱 한 번만 더 버텨 보라고. 그러다 또 힘들어지면 이번에도 또 한 번만이라는 마음으로 버텨 보라고. 그러면 또 괜찮을 거라고.

오늘은 내일보다 젊은
다시 오지 않는 날

김 상 희

SK실트론 Growing기술1팀장

인하대학교 무기재료공학과에서 학사 학위를 취득한 후, 1998년 LG실트론에 입사했다. IMF 시절 신입을 받으면 누군가 퇴사해야 하는 분위기에서 동기들과 부서 배정 없이 약 6개월간 전 부서를 떠돌아다니며 내성을 키웠다. QC팀에서 3년, 이후 Growing개발팀에서 근무하며 경북대학교 화학공학과에서 2014년 석사 학위를 취득, 그해 Growing개발팀장으로 보임되었다. 2018년 공정기술팀장으로 보임, 2020년부터 Growing기술1팀장으로 현재 복무 중이다. 2017년 SK실트론으로 사명 변경되어 본의 아니게 국내 대기업인 LG와 SK에서 약 26년간 근무 중이다. ㈔한국코치협의 KPC 인증코치로서 SK코치스, 한동대학교, 연세대학교, 초록우산 등과 함께 코칭 활동을 하고 있다.

나를 말하다

언제나처럼 오늘도 스마트워치 진동 알람에 잠이 깬다. 수면의 질을 높이기 위해 측정을 시작한 것인데, 이젠 습관이 되어 80점 이상의 수면의 질을 가지고 오늘도 일어난다. 돌아보면 긴 강을 돌아온 것도 같고, 컴컴한 터널을 지나온 것도 같은데, 오늘의 나와 어제의 나, 앞으로의 나를 얘기하며 이 글을 끌고 가고자 한다.

난 SK실트론에서 Growing 기술1팀장을 5년째 담당하고 있다. 그 전엔 개발팀장으로 5년, 공정기술팀장으로 2년, 그렇게 10년을 넘게 반도체 기판의 핵심인 실리콘 단결정(일명: 잉곳)을 개발에서부터 양산, 제조에 이르기까지 26년째 담당해 오며 출원한 특허가 58건, 진행한 투자만 24건, 프로젝트와 시제품은 수십여 건을 이루어 왔다.

돌아보면 억울했던 일들도 오해를 받았던 일들도 많아서 이대로 아침이 오지 않기를 바랐던 적도 많았고, 더 이상 앞으로 나아갈 수 없는 막다른 곳에 몰려서 밤새 불안에 떨었던 적도 있었다. 이때 유일한 나의 동인은 사랑스런 자녀들과 내가 책임져야 하는 우리 가족들이었다. 아마 나에게 먹여 살려야 하는 부모님과 가족이 없었다면 나는 이 힘든 고행의 줄을 진작에 놓아 버리고 말았을 것이다.

어제의 나

과 사무실로 가면 늘 쌓여 있던 입사추천서는 1997년 말 IMF와 동시에 언제 그랬냐는 듯 사라졌고, 나는 경상북도 구미시라는 들어 본 적도 없는 낯선 도시로 취업을 해서 들어갔다. 기숙사가 제공되었으나 현장 스태프와 같은 방으로 배정되면서 본의 아니게 7시 퇴근, 23시 출근하는 교대 근무 시간까지 맞춰 가면서 살았다.

주변에 공장밖에 보이지 않는 곳에서 유일한 나의 일탈은 출근길에 자전거를 타고 달리는 한순간의 자유였고, 기숙사로의 퇴근은 24시간 돌아가는 공장의 공조 소리와 함께하는 또 다른 형태의 근무 시작이었다.

매일 저녁 10시에서 11시까지 일하는 것은 차라리 나에겐 다행이었을 수도 있다. 돌아갈 휴식 같은 집이라는 것이 없고 기숙사에서도 나의 공간은 없었기에. 첫 사회생활은 그렇게 시작했다. 그때 아마 돈의 소중함을 절절히 느꼈던 것 같다.

24시간 제조라인이 멈추지 않는 곳에서의 엔지니어로서의 하루는 절대 평탄할 수는 없었다. 지역색이 있는 곳에서 사투리를 못 알아듣는 것부터 해서 나보다 최소 10살은 더 많은 짬밥 많은 제조 현장 스태프에게 작업 지침을 내리는 일까지 나날이 허들이었고, 나에겐 넘어가야 할 산이었다.

나만의 팁을 얘기한다면 모르는 건 모른다고 한 것이랄까. 내가 알아듣지 못하는 단어들을 서로 쓰는 통에 놀림도 당했지만, 그런 상황에 휘말려서 당황하지 않고 차분하게 그 단어 뜻이 뭐냐고 물어보면서 알아듣도록 노력했고, 그 뜻을 내가 그 자리에서 바로 물어보았기에 본인이 설명하기 좀 그런 단어들은 쓰지 않게 되었다.

작업 지침을 내릴 땐, 그동안에 정리한 자료들을 프린트해 가서 이렇게 하면 이리 되고 저렇게 하면 저리 되더라 하며 다른 스태프는 모르는 정보들을 주고, 지원해 줄 사항들을 물어보면서 F/U해 주었다. 똑같은 일을 해도 다른 엔지니어보다 난 시간이 더 걸렸고, 더 많은 실험과 더 많은 정리를 해야 했지만 결국은 내 방식이 통해서 나와 함께 일하는 스태프들이 좀 더 인정받을 수 있는 분위기를 만들어 가게 되었다.

거기서부터 시작이었던 것 같다. 내가 조금 더 고민하고 조금 더 신경 쓰고 조금 더 시간을 쓰면 나의 포지션을 확고히 만들어 갈 수 있을 것도 같다는 어렴풋한 생각. 그때의 난 20대 후반을 넘기고 30대가 되었다.

두 번의 번아웃, 그리고 극복

누구나 반드시 거쳐 가는 번아웃. 나도 피해 갈 수는 없었다. 나에게 번아웃은 크게 두 번의 과정을 거쳤다.

한번은 정말 아무것도 하기 싫어서 정말로 아무것도 하지 않았던 초기의 번아웃 시절. 이땐 이를 이해해 주는 선배가 있어서 정말로 나에게 프로젝트를 주지 않았다. 월급은 받아야 하니, 진짜 단순한 업무, 예를 들면 타이핑, 보고서 그래프 그리기, 데이터 정리들만으로 하루를 꾸역꾸역 채워 넣으며 그 시간을 버텨 냈다.

그로부터 6개월인가 지나니 이젠 일할 수 있겠다 싶어졌던 첫 번째 번아웃. 지금도 그런 배려를 할 수 있는 선배가 있었다는 것에 감사하고 주변에 번아웃 증상이 보이려고 하는 동료들이 있으면 예의주시하고 번아웃이 오기 전에 어떻게든 조금이라도 쉬고 스트레스를 줄여 주려고

노력한다. 다 그 선배님 덕분이다

또 한 번은 내가 바닥까지 떨어진 날들이었다고도 말할 수 있다. 나는 매일 내 바닥이 어딘지를 찍고 있었고, 오히려 더욱더 바닥으로 떨어지며 나 스스로 나가기보다는 누군가에 의해 내보내지기를 바라는 사람처럼 끝도 없이 미끄러져 내려갔다. 그 시절의 나를 버티게 해 준 것은 내가 먹여 살려야 하는 나의 아이들과 후배였다.

어느 연말, 난 프로젝트 리더로서 회사에서 처음 시도하는 신제품을 개발하고 있었고 그 제품은 이렇다 할 성과를 내지 못하고 있었다. 난 실패했다는 걱정과 더 이상 할 수 있는 것이 하나도 없다는 불안에 휩싸여 잠도 제대로 자지도 못하고, 그렇다고 뭐 하나 진전시키지 못하면서 계속 가라앉고 있었다.

그때 그 후배는 이렇게 해 보자, 저렇게 해 보자며 계속 되도 않는 아이디어들을 가지고 왔는데, 그런 안 될 것 같은 아이디어들을 실험해 보겠다며 프로젝트 기간을 연장하여 시간을 벌고, 그 아이디어들을 적용해 보면서 또 다른 해결 방안을 찾아보게 되었다. 프로젝트가 더 이상 진전되지 않을 때 뭐라도 하면서 옆으로(앞으로가 아니었으니까)라도 가다 보면 앞으로 나아갈 수 있는 동력을 얻을 수 있다는 사실도 알게 해 주었다.

무엇보다도 깊은 늪에 빠진 듯 그 무엇도 결정하지도 못하고 있는 내게 지속적인 방법 제시는, 몸은 진창에 빠져 옴짝달싹할 수 없지만 목 위로는 숨을 쉴 수 있다면 살아 낼 수 있다는 작은 희망을 품을 수 있게 해 주었다. 점점 난 정신을 차리고 그곳에서 빠져나올 수 있었다. 이렇게 나에겐 좋은 선배와 후배가 곁에 있었다.

오늘의 나

이외에 여러 난관들은 내가 타인의 입장을 이해할 수 있는 경험치들이 되었고, 어떤 프로젝트에서 어떤 문제가 생길 것이고 누구와 일할 땐 어떻게 일하는 것이 더 효율적일지에 대해서 끊임없는 방안을 제시해 줄 수 있는 레벨로 나를 옮겨 주었다.

지면으로 다 옮길 순 없지만, 여사원들은 결혼하면 그만둔다는 편견으로 신입을 선발할 때 남사원 위주로 뽑으려는 사내 관행을 없애 보고자 임신하여 커진 배로 3XL 사이즈의 작업복(smock)을 입고 현장에 들어가서 똑같이 일했던 기억들과 출산 후 아이를 서울 시댁에 맡기고 둘째까지 장장 7년을 매주 주말 아이를 보러 고속도로를 달렸던 기억들, 새벽에 아이를 깨워서 아침 먹는 걸 보며 먼저 출근했던 기억들이 단편처럼 떠오른다. 그땐 힘들고 지쳐 갔지만 그 수많은 시간들을 겪어 내어 지금의 나와 과장급, 차장급, 팀장급 여사원들이 많이 생겼다.

물론 그 과정 중엔 리더의 퇴사로 엎어진 과제를 우여곡절 끝에 성공시켰음에도 학사 출신인 나를 빼고 석사 출신 남사원을 내세워 연구개발상을 그룹회장님께 받을 땐 내가 이 꼴 보려고 열심히 일했었나, 라는 자괴감으로 한동안 방황도 했었다.

지금도 나는 내가 겪어 왔던 불합리한 관행들과 공정하지 않다는 생각조차 하지 않는 사항들에 대해 조직의 사고 틀을 바꾸려고 노력하고 있다. 여사원과 남사원의 임금체계와 진급체계 차이의 불합리성(당시는 신입사원도 군대를 다녀온 남사원들의 직급과 임금이 더 높게 시작했다. 그런데 군대 복무 기간 3년을 고려해도 시작부터 생긴 이 차이는

3년이 넘어도 메꿔지지 않았다)을 사장님께 건의해서 이루어 냈고, 팀장이 되어서는 아이가 어린 여직원과 남직원들의 어린이집 픽업을 위해 자율 근무제를 팀장 재량하에 시행했다. 그리고 이건 나중에 회사 정책으로도 반영되었다.

또한 자녀의 초등학교 입학 시의 퇴사율이 높기에 자녀가 6~7살이 되는 여직원에게 미리 준비하여야 하는 것들과 이 기간이 결코 길지 않고, 버틸 수 있다는 것을 알려 주고자 하였다. 지금은 내가 이런 노력은 하지 않아도 초등 1년 육아휴직제가 생겨서 조금 더 맘 편하게 여직원들이 일과 양육을 함께할 수 있도록 되었다.

언제나 한쪽 어깨에 짐을 지고 살아왔던 것 같다. 내가 잘해야 후배 여사원들이 더 많이 입사해서 들어올 수 있다. 내가 잘해야 후배 여사원이 핵심 과제들을 맡을 수 있다. 내가 잘해야 후배 여사원들이 좀 더 진급을 할 수 있다…. 지금은 그 짐을 조금은 내려놓고 살고 있다. 나보다 뛰어난 여성 리더들이 곳곳에서 활약하고 있기 때문이다. 물론 아직은 수적으로는 미미하지만 이 또한 언젠가는 극복될 수 있는 문제라고 본다.

내일의 나는 어떤 모습일까?

내가 입사했을 때 여사원은 "과장"까지가 진급 한계라고 들었었다. 그리고 내가 과장으로 진급했을 때 '여기가 나의 종착지인가?'라는 생각을 하진 않았다. 오히려 '어디까지 진급해서 올라갈 수 있을까?'가 궁금

했다. 차장과 부장을 지나 지금은 고참 팀장으로서 후배 팀장들에게 코칭해 주는 역할을 하고 있고, 내가 바라는 모습의 회사로 만들어 갈 수 있는 파워를 갖기 위해 노력하고 있다. 작년엔 사외이사 과정도 수료하면서 다양한 네트워킹과 더불어 시야를 넓히는 활동들을 겸하고 있다. 앞으로가 더 기대되는 우리의 시간을 응원해 주길 바란다.

내 작은 일상은 전략,
닿는 길은 정답!

엄 영 랑

한국원자력연구원 책임연구원

국민대학교에서 물리학으로 이학박사 학위를 취득한 후 오랜 계약직을 거쳐, 약 18년간 한국원자력연구원에서 정밀핵계측을 활용한 소재 및 문화유산(문화재) 분석연구를 수행하며, 서울대학교 융합과학기술대학원에서 객원교수로도 근무하였다. 현재, 연구원 내 국가유산원자력클리닉에서도 활동하며, 자신이 하는 작고 특별할 것 없는 일들이 나도 모르게 건강하고 다양하며 포용적인 세상을 만드는 데 기여하고 있다는 자부심을 많은 여성 후배 과학도들에게 심어 주는 데 관심을 두고 있다.

선택지가 많으면 좋을까?

선택이 많은 게 축복일까? 딸을 미술대학에 진학시키며 당연한 이야기지만 상위권일수록 지원할 대학이 많다는 사실을 알게 되었다. 성적과 실기가 다 뛰어나서 모든 전형이 가능한 학생들이 있고, 오직 실기로만 또는 오직 학종으로만 대학을 가야 하는 제약을 가진 학생들도 있다.

그런데 누가 더 행복할까? 여러 기회가 있던 학생일까? 제약이 많은 학생일까? 아, 이런! 내 질문이 틀렸다. 기회가 많으면 전형에서 유리하겠지만 그렇다고 해서 행복을 보장하진 않을 것이다. 그런데 어떤 경우라도 대학은 한 곳만 진학이 가능하다. 원하는 대학 한 곳을 붙으면 마냥 행복할 것이다.

나는 선택할 기회가 거의 없는 학창 시절을 보냈다. 대학도 그저 그런 성적으로 가야 했고 오직 한 곳만 지원이 가능했다. 그때는 붙고 떨어지는 것만 있었지, 선택은 없었다. 붙으니 행복했고, 내 성적에 맞춰 간 곳이니 불만도 없었다. 대학생이 되었어도 나는 공부에 흥미가 없었다. 잘 노는 친구들이 매우 멋있게 느껴졌다.

다만 내 전공은 일정한 노력 없이는 졸업이 불가능하여, 어쩔 수 없이 공부를 해야 하는 시기가 있었다. 취업을 위해 다양하게 열심히 생활한 친구들과는 달리 졸업을 위해 잠깐씩 전공 공부만 했으니, 나는 또 선택의 여지 없이 대학원을 진학했다.

취업이 안 된 상태라 대학원을 진학하지 않으면 공식적인 백수가 되어야 했는데, 그건 젊은 그 시절 내겐 두려운 일이었다. 아마도 남에게 어떻게 보이느냐가 그 당시 나에게는 중요한 문제였을 수도 있다. 사실 비용 측면에서 보면 절대로 실속이 없는 선택이었는데, 그나마 학부 내내 졸업만 가능한 정도로 공부했던 내가 갈 수 있던 대학원은 내가 다닌 대학보다 좀 더 명문으로 이름 높은 다른 대학이 아닌 본교 대학원뿐이었다.

그렇게 어렵지 않게 본교 대학원을 진학했다. 대학원 전공을 고체물리 자성체를 하게 된 것도, 학부 때 잘 놀고 공부는 별로 않는 친구라는 인식 때문에 나를 받아 준 실험실이 그곳뿐이어서다. 그 실험실은 뫼스바우어분광기를 많이 사용했는데, 방사성동위원소를 늘 사용하기 때문에 위험하다는 인식에 인기가 가장 없는 실험실이었다. 그렇게 늘 선택의 여지가 별로 없는 상황이었다.

그러나 내가 들어간 연구실이 가장 인기 없던 이유가 되었던 그 뫼스바우어분광기는 지금 우리나라에서는 우리 연구원에 유일하게 존재하며, 이 실험을 원하는 모든 연구자들은 반드시 나와 만나거나 연락을 해서 컨설팅을 받아야 한다.

이렇듯 좋지 않아 보이는 기회도 좋은 결과로 이어질 수 있다. 그리고 어차피 내가 할 일과 방향은 선택지가 많아도 한 번에 한 가지만 선택이 가능하다.

노력의 시간차 공격

대학원 시절, 그동안 열심히 하지 않았던 공부가 부메랑처럼 몰아쳐

남들이 보기엔 매우 힘든 대학원 생활을 해야 했다. 매일 아침 8시부터 밤 11시까지 실험실에서 공부하고, 실험하고, 그리고 논문을 쓰고, 어떤 때는 실험하고 세미나 준비를 위해 밤을 지새웠다. 그러나 늦은 나이에 공부를 시작했기에 나는 일찍 시작한 친구들보다는 지치지 않을 수 있었고, 힘든 줄 모르고 즐겁게 생활할 수 있었다.

그럼에도 졸업 후 취업의 길은 쉽지는 않았다. 석박사 과정 중 작성한 많은 논문들 덕에 Post-doctor(박사후연구원) 자리는 졸업도 하기 전에 쉽게 구해졌다. 미국 대학으로의 박사후연구원 자리도 가능했다. 그러나 나는 그때 결혼을 하기로 한 남자를 선택했다. 내가 미국을 갔더라면 내 연구에는 도움이 되었겠으나, 지금의 가정은 못 이뤘을 것이다.

박사후연구원 자리가 쉽게 구해졌던 것과 다르게 직장은 늘 최종 면접에서 고배를 마셨다. 나는 그 당시 대학 또는 정출연(연) 중 한 곳만을 직장으로 고집했다. 쉽지는 않았고 실패의 연속이었으나 다행히 나는 내가 하고 있던 연구는 저버리지 않았다. 그냥 정규직이 못 되어도 이렇게 실험하고 그 결과로 논문을 투고하는 것이 보장만 되어도 좋다고 생각했다.

아이를 출산하고 3개월 뒤 눈에 넣어도 아프지 않을 소중한 내 딸을 시댁에 맡기고 러시아로 달려가 실험했던 그 노력들이 무심치 않아 박사 학위를 받고 6년을 계약직으로 보낸 후, 겨우 내가 기준으로 잡은 대학 또는 정출연(연) 중 한 곳인 지금의 연구원에 취업할 수 있었다.

지금 되돌아보면 내가 후회하는 부분이다. 대학원을 진학할 때 내 수준에 맞추어 목표를 설정했듯이 직장을 구하고자 한다면 기준을 낮추었어야 했다. 그 덕분에 나는 오랜 기간 계약직으로 머물렀다. 그러나 내가 기준을 미리 낮추었다면 6년이란 기간 동안 한 분야에서 성장하며 원자력나노소재 연구를 하는 것이 가능했을까? 후회한다는 말을 철회하는 게 맞는 것 같다. 내가 안 가 본, 아니 못 가 본 길은 상상하지 말아야 한다.

취업할 때 보니 우리 연구원뿐 아니라 다른 기관에 합격해서 고민인 분들이 꽤 있었다. 나처럼 한 곳에 감지덕지하게 붙은 사람이 매우 적었다. 그러나 한 사람이 다닐 수 있는 직장은 한 번에 한 곳뿐이다. 그러니 누누이 강조하듯이 내게 선택의 기회가 많지 않다 하여 의기소침할 이유가 없다.

직장을 얻게 되면서 나는 내가 대학을 입학할 때 감히 넘보지도 못했던 뛰어난 수재들과 동등한 조건에서 같이 일하게 되었다. 어쩌면 내가 더 훌륭할 수도 있다는 자신감도 가지고 말이다. 대학원 진학부터 계약직 박사후연구원 생활까지, 그 옛날 놀기 좋아했던 나는 어디 있었나 싶을 만큼 연구에 열정적으로 집중했었다.

그렇다. 모든 목표에는 시간차가, 시간 간격이 존재하더라도 필요한 만큼의 노력을 반드시 들여야 한다. 물론 운이 좋은 사람도 있다. 그러나 운이 어찌 내 편일 수만 있겠는가!

전략! 그게 뭐예요?

취업을 했어도 인생은 녹록하지 않다. 연구원은 주어진 일도 해야 하고, 내 연구 분야도 발전시켜 가야 한다. 그리고 너무 연구에만 매달려도 행복하지 않다. 다양한 사회생활은 개인 취향이라고 주장할 수도 있지만 나와 내 가족의 일이 잘 풀리지 않고, 내 생활이 즐겁지 못하면 내 연구는 어쩔 수 없이 부정적인 영향을 받게 된다. 그러나 하루는 24시간으로 정해져 있고 육아와 일을 하는 것으로도 정신없이 지나가니 무슨 전략 같은 것을 세울 여력은 없다. 그냥 시간이 하염없이 흘러간다.

그러나 단 한 가지! 내가 만나는 인간관계를 소중히 할 필요는 있다. 귀찮더라도 내 연구와 관련된 학술단체 일이라든지 내 재능 기부를 필요로 하는 각종 강연과 자녀 학교의 봉사 활동, 동시대를 살아가는 선·후배 여성 과학자들과의 네트워킹 그리고 가족과 즐기는 여가 생활 중의 여행, 전시 관람 등의 문화 생활은 내가 살아가고 있는 모든 시간과 사건을 다른 시각과 다른 각도로 볼 수 있는 기회이고 정보의 통로이기도 하다.

물론 위에 열거한 것들을 다 할 수는 없다. 다만 내가 잠시라도 이것을 할 때 즐겁고 보람 있고 마음에 드는 것이 몇 가지 있을 것이다. 연구 이외에 집중할 한 가지 이상을 찾아야 한다. 입시생 딸을 두고, 바쁜 연구소 업무 중에도 한국원자력학회 여성지부장으로서 지부 일을 놓치지 않고 열심히 했던 이유는 탈원전 정책시 전공자들끼리 서로가 서로에게 위로가 되던 경험과 후배 연구자들에게 희망을 주려던 노력이 내 연구에도 긍정적 영향을 미치기 때문이었다.

나노소재 연구를 하다가 대학원 시절 다뤘던, 뫼스바우어분광기를 활용한 측정이 다양한 분야의 측정서비스로 확대되었고 이를 활용하는 연구를 발굴하면서 기업으로 기술 이전을 몇 번 하게 되었다. 그 공로를 인정받아 연구원 추천으로 2023년에 방사선과 방사성동위원소 이용진

흥과 관련하여 과학기술정보통신부 장관상을 수상하기도 하였다.

그런데 이 분광기를 활용하는 기술을 문화유산(문화재) 연구에 쓰기로 결심하고 연구원에 국가유산원자력클리닉을 출범하도록 노력을 기울이게 된 계기는 딸이 미술을 전공하고 미대에 진학하면서 우리나라의 천연 안료를 알게 되고, 붉은색과 검은색이 철(Fe)화합물의 결과라는 것을 알게 되면서이다.

연구를 진행하면서 청자의 유약에서 철이 2+ 또는 3+가 얼마나 있느냐에 따라 청록색과 연두색으로 발현된다는 것도 알게 되었고, 이를 뫼스바우어분광기로 분석하는 연구를 시작하게 되었다. 그리고 문화유산 분석과 복원에 관심 있는 연구원 내 동료들과 연대를 만들었고, 이것이 우리나라 문화유산의 과학적 분석에 원자력기술이 기여할 수 있게 된 계기가 되었다.

사실 전혀 나와 관련 없어 보이는 미술이란 분야를 내 딸이 전공하고자 했고, 엄마로서 이를 도와주다가 관심을 가지게 된 것이 출발점이다. 여기엔 어떤 계산된 전략이 있던 것이 아니고, 그냥 내가 아는 일상이 내 연구와 연결된 것이다.

물론 딸도 입시에 성공했다. 내 대입 시절과 다르게 딸은 미술 명문대를 입학했고, 가족을 매개체로 생기는 이런 행복감은 내 연구 일상에 늘 긍정적 영향을 미쳤다. 그리고 이렇게 내 주변으로부터 오는 긍정적 에너지가 내 일에도 좋은 결과를 이끄는 것이, 일상에서 아주 자주 생길 수 있다는 것을 이제는 후배들에게 전하고 싶다.

그때그때의 일상에서 최선을 다하는 별것 아닌 작은 것들이 모여, 나도 모르게 좋은 결과를 도출하고, 내가 의도치 않았던 다양한 일을 하게 되고, 좀 더 포용적인 결과로 세상에 기여하게 된다. 여러분들이 지금 하고 있는 모든 소소한 일들의 의도가 전략이고, 그 결과는 늘 정답임을 의심하지 마시길 바란다.

한국원자력학회 2022년도 춘계 여성지부 워크숍

국가유산원자력클리닉 설립을 위한 협의체 출범식

손가락이 아파도
기타를 쳐요

한 경 희

한라대학교 전기전자공학과 교수/학과장

2010년 동국대학교 전기공학과에서 공학박사 학위를 취득한 후 한라대학교 전기전자공학과에서 2011년부터 지금까지 약 14년간 교수로 근무하고 있다. 대학원 과정과 한국철도연구원에서 주행추진용 시스템 및 수소연료전지 시스템, 무선충전시스템, 와전류 제동기 등을 연구하였고, 저서로는 『회로이론』, 『전기기기』, 『PSIM을 활용한 E-MOBILITY 전력전자』 등이 있다. 현재 대학에서 전기공학 분야 후학 양성과 더불어 대한전기학회 사업이사, 전력전자학회 기획이사로 있으며, 2022년부터 대한전기학회 여성과학기술 위원회 위원장으로서 여성 리더십 양성을 위해 다양한 활동을 해 오고 있다.

일과 가정, 그 사이에서 균형 맞추기

"와우~! 유튜브 보고 치는 거야?"

"응, 근데 손가락이 아파."

"기타 연주를 하면 그렇다더라…. 그런데 잘 치네?!"

퇴근해서 보니 올해 초 중 1이 된 딸애가 침대에 앉아 기타 줄을 퉁기고 있다. 두 시간이나 걸려서 강원도 원주에서 충북 청주까지 퇴근해서 겨우 공부가 뒷전인 아이를 본다는 것에 한숨이나 쉬었을 텐데 그렇지 않았다. 입꼬리가 살짝 올라가는 아이의 얼굴을 보니 다행이다 싶다.

2024년이 되기 한 달 전 중학교, 초등학교, 남편의 직장이 모두 15분 거리에 있는 아파트로 이사했다. 나는 강원도 원주에 소재한 한라대학교에서 전기전자공학과 교과목을 가르치는 교수이다. 올해에는 초1, 중1 학부형이 되었고, 청주에 직장이 있는 남편 곁에 아이들을 맡기고, 남편보다는 상대적으로 시간을 조정하기 수월한 내가 두 시간 거리를 출퇴근하겠노라 다짐했기에 학군은 고를 수 없었다. 그저 아이들이 학교를 무사히 다닐 수 있도록 선택하는 것이 나의 최선이었다.

6년 전 서울이 근무지였던 남편이 청주로 근무지를 옮기게 되었다. 공직에서 철도기획을 하는 남편에게는 한번 출장을 가면 원주-청주-서울(국회, 청와대(용산))-청주-원주 이렇게 8시간 이상을 운전하는 상황이 왕왕 벌어져서 어린아이들을 아빠와 함께 있도록 하려면 방학도 있고, 수업 시간도 조정할 수 있는 내가 출퇴근하는 수밖에 없었다. 둘째를 낳다가 과다 출혈로 위험했던 터라 6개월 된 아이와 당시 초 1이 된 아이들을 원주에서 남편 없이 혼자 키우기에는 역부족이었다.

가족과 함께(2024년 봄부터 여름까지)

학교폭력, 그리고 전기전자공학과

청주로 온 뒤 6년이나 지나 아이들도 제법 컸기에 한숨 돌리나 싶었는데 올봄, 딸아이가 입학한 3월·4월 2회에 걸쳐 학폭에 휘말렸다. 피해 학생 학부형으로 심의위원회 개최까지 끌고 가는 것이 강의, 연구 등 업무며, 장거리 출퇴근, 학회 위원회 활동 등과 겹치니 큰 파도처럼 버겁게 느껴졌다. '하… 그렇지, 또… 내 인생은.' 하고 한숨이 절로 나왔다.

아이가 힘든 상황에 처한 것이 바쁜 엄마 때문인가 하는 자책감과, 아이가 좀 더 못되게 굴어서 피해자가 아닌 가해자였더라면 달랐을까 하는 원망의 마음이 뒤죽박죽 엉켜서 나를 괴롭혔다. 그런데 이상한 것은 힘들면 힘들수록 '적당히'는 끝내지 않겠다는 생각이 들었다. 1차 학폭을 저지른 상대편 아이의 사과문을 유심히 보니 2번째 학폭을 일으킬지 모른다는 생각이 들었다. 이건 엄마의 촉이다.

1차 학폭이 학교장 처리로 종결되었지만 정말 열심히 굳이 그럴 필요까지 있을까 싶을 정도로 아이와 대화하면서 정보를 기록하고 수집하는 것을 계속하던 차에 아니나 다를까, 또다시 같은 아이로 인한 두 번째 학폭이 일어났다. 하지만 덕분에 빠르게 대응할 수 있었고, 상대편 아이에게도 우리 아이에게도 상처가 남지 않도록 지켜야 할 선을 만드는 선에서 심의위원회가 원만하게 마무리되었다. 내 마음에는 폭풍이 일어났었건만, 그러는 사이 학교에서의 수업도 중반을 향해 아무런 문제 없이 흘러가고 있었다.

이번 학기 학교에서 내가 맡은 '회로이론', '전기자기학', '전기기기', '전력전자' 등의 수업을 통해 만나는 수강자 수만 해도 200명에 달한다. 2학기에 맡는 송배전공학까지 합하면 국가고시 교과목의 80%를 맡고 있는 셈이다. 모든 수업은 플립러닝으로 진행되기에 무엇보다 준비해야 할 것이 늘 많은 편이다. 온라인 영상 강의 녹화와, 오프라인 강의에서 학생들이 수행해야 하는 미션을 주차별 진도에 따라 준비한다.

사실 아르바이트, 통학 등으로 바쁜 학생들에게는 수학과 물리적 기초를 다져야 하고, 또 국가 1급 고시를 준비하기 위한 교과목을 일주일에 세 시간짜리 수업만으로는 학습한다는 것은 학습 시간 면에서 턱없이 부족하다. 그래서 도입한 것이 플립러닝 수업이다.

언제든지 강의를 여러 번 반복해서 들을 수 있도록 이론 강의를 간소(compact)화, 온라인(online)화하고 문제 해결 능력을 기르기 위해 온라인 자체시험 플랫폼과 토론식 수업으로 미션을 구체화하여 학생 개개인 학습 역량 차이에도 불구하고 개선해야 할 학습 내용을 본인이 알고 개선할 수 있도록 하는 데 목표를 설정했다.

한라대학교 전기전자공학과 학생들과 함께

코로나 시국 이전부터 준비해 놓았었던 플립러닝 수업은, 코로나 직전인 초창기에는 왜 굳이 번거롭게 오프라인 수업 외에 온라인 수업까지 해야 하냐며, 교수가 자기 편하려고 '온라인 수업으로 강의를 때운다'며, '월급루팡'이라는 오해를 받기도 했었다. 처음엔 많이 억울하기도 했지만 어느덧 코로나 시국을 훌륭히 이겨 내고 기사 합격률 40~60%를 자랑하는(전국 평균 합격률은 10~19%이다) 수업방식으로 학과에서 자리매김하였다.

덕분에 수업을 많이 하고, 학생을 편하게 놔두지 않는 교수라고 나에 대해 인식하는 학생들 중에는 올해 나의 가정사(?)를 얼핏 알게 되고 나서 "수업이 전과 다를 것 없이 흔들리지 않는 걸 보니, 교수님은 멘탈 갑이가 보다."고 말을 한 학생이 있다고 전해 들었다. 하지만, 그것은 단언컨대 교수 한 사람에게만 의존하지 않아도 되는 견고한 수업 시스템이 잘 작동해 주었고, 학생들이 자신들도 모르는 사이 어느새 그 시스템을 잘 따라와 주었기에 가능했다는 것을 나는 안다.

과거, 현재, 미래의 나를 찾는 기회와 사람들

지난 몇 년 동안 전공과 관련된 대한전기학회 여성과학기술위원회 위원과 위원장으로서 여러 가지 행사를 준비하며 다양한 전공, 산업, 연구원, 대학의 전문가들을 만날 수 있었다. 또한 전력전자학회 기획이사로 WPE(Women in Power Electronics)를 준비해 오며 앞으로 전문가로 성장해 나갈 미래의 여성 인재들을 만날 수 있는 기회도 가질 수 있었다.

2024년 7월 전력전자학회 'WPE', 대한전기학회 'KIEE리더십 포럼',
전기 에너지 미술대회

이정희 작가, 대한전기학회 여성과학기술위원회, 푸른나무재단이 함께한 '2024 초등학생 전기 에너지 미술대회' 준비 과정 & 모바일 기부 중인 대한전기학회 회원들

올해엔 특히나 대한전기학회 여성과학기술위원회 위원장 연임과 사업이사, 전력전자학회 기획이사로서 여느 때보다 두 학회에서의 여성 행사를 조금 더 규모 있게 준비해야 하는 상황이었다. 두 학회가 모두 제주에서 개최되어 행사 준비에 있어 사전 준비에 시간이 좀 더 필요했다.

기존에 해 오던 행사라지만 대한전기학회의 'KIEE 리더십 포럼', 전력전자학회 'WPE 2024'를 준비하기 위해 3월부터 6월까지 사전에 협의가 이루어진 10회 남짓한 회의 참석(온라인 회의 제외)과 18명의 연사 섭외 건 등은 역대 진행한 행사 중 제일 많은 시간 투자를 요구했다.

특히나 올해에는 학회장님이신 고려대학교 이병준 교수님의 요청으로 초등학생을 대상으로 한 '전기 에너지 미술대회'를 개최하게 되었다. 전무가 그룹으로 이루어진 학회에서 초등학생을 대상으로 한 행사라니, 생소함을 넘어 난색을 표하는 위원님들과 고민 끝에 개최를 담당하기로 했다.

200여 편의 작품이 전국에서 접수되었고, 예선을 통과한 75편을 대상으로 전기공학 전공 여성 전문가가 심사하여 최종 45명의 초등학생이

26개 기관장 상을 수여하는 대회로 성공리에 운영되었다.

'아니, 이런 마음과 생각을 가지고 있다니…!'

미술대회를 운영하면서 만난 여러 분야 전문가들, 특히 예선과 홍보에 도움을 주신 전문 화가부터 푸른나무재단 본부장님, 학회에 남성 전문가들, 여성과학기술위원회 위원들에 이르기까지 작품으로 출품한 초등학생의 아이디어에 깜짝 놀랐다.

그와 동시에, 학회에 참가한 구성원 모두가 초등학생의 미술 작품을 보며 느끼는 생각과 마음이 서로의 것과 다르지 않음을 공감하는 시간이 되어서 서로의 미소를 조금 더 많이 볼 수 있었고, 그래서 여느 때보다 학술대회가 풍성하게 느껴졌다. 나와 너를 바라보는 시간이었다고 할까. 학회 참석을 수년간 해 왔지만 참 신기한 경험이었다.

바쁜 지금이 지나면 좀 편해질까? 나의 소중한 굳은살

난 원래 피아노를 전공하고 싶었다. 출근할 때 덩그러니 놓여 있는 피아노를 볼 때마다 느끼는 아쉬움이 늘 있었는데 그것도 잠시, 7월 1일부로 학과장 발령이 났다.

'2학기가 시작되면 또 바쁘고, 또 화도 나고, 또 기쁘고, 또 당황스럽고 또 재밌는 시간이 오겠지…?'

방학이 끝나 가면서 조금 불편한가 싶지만, 어느새 괜찮다. 나는 또 기회가 닿으면 언제든 연주를 할 수 있으니까 말이다. 뒤돌아보니 여기까지 와 있는 나를 발견할 때마다 생소한 생각도 자주 들었고, 때론 생각지 않은 일에 휘청인 적도 있다. 그러나 그러면서 생겨난 나의 마음 속 굳은살 덕분에 불편함이 생각보다 빨리 사라지는 느낌이 든다. 기타 연주자는 아니지만 손에 굳은살이 생겨야 연주가 편안해지는 것처럼 말이다.

지금도 어디선가 딸, 엄마, 선배, 동료로서 고군분투하고 있을 여성 공학 기술인들에게 응원을 전하며 치열하게 시간을 견디고, 아름답게 즐긴 시간을 전해 들을 수 있길 기원하며 글을 마친다.

PART 4

'미래'

지속 가능성,
세상을 바꾸는 변화의 첫걸음

현재진행형으로
살아가기

신혜영

㈜유로컨설팅 연구소장

홍익대학교대학원 전기공학과에 입학하여 석사 학위 취득 후 건축전기설비기술
사 시험에 합격하였으며 이후 박사 학위를 취득하였다. 설계감리 회사에서 약 4
년간 근무하였고, 현재는 유로컨설팅 기업부설연구소의 연구소장으로서 미래 에
너지로의 전기의 역할과 발전 방향을 만들어 가고자 하는 연구를 위해 노력하고
있다.

숨겨진 나의 목소리… 작은 용기를 내다

"안녕하세요. 기유경 대표님께서『세 · 바 · 여』집필진으로 추천해 주셔서 연락드렸습니다. 신청 부탁드리겠습니다."

이 문자는 나의 평범한 일상을 잠시 멈추게 했다. 그 순간 내가 가장 먼저 떠오른 대답은 '저는 그렇게 대단한 이야기를 할 사람이 아닙니다.'라는 말이었다. 그러나 그 말을 입 밖으로 꺼낼 용기조차 나지 않았다. 나는 그저 휴대폰을 쥔 채로 멍하니 서 있었다.

문자를 보내야 할까, 아니면 정중히 거절해야 할까. 머릿속에서 수많은 생각이 오갔다. 그러나 결국 아무 말도 하지 못한 채, 나는 신청서를 작성했고 이 글을 쓰기 시작했다.

사실, 나는 항상 무엇인가 부족하다고 느껴 왔다. 내가 세상을 살아오면서 보니 훌륭하고 영감을 주는 사람들이 너무도 많다고 생각하며, 그들에 비하면 나는 그저 평범한 사람이라고 생각하며 살아왔다. 누군가에게 내 이야기가 의미가 있을지에 대한 의문은 나의 자신감을 꺾어 버렸다.

하지만 이 문자는 마치 나에게 작은 신호처럼 느껴졌다. 그래서 한 번 써 보기로 했다. 이 기회를 통해 나 자신을 발견할 수 있을 것 같았기 때문이다. 작고 미약할지라도 나의 이야기가 다른 누군가에게 작은 울림이 될 수 있기를 바라며, 나는 이 도전을 받아들이기로 결심했다.

도전으로 가득한 전기공학과의 여정

내가 입학한 학교는 전기전자컴퓨터공학부로, 2학년이 되면 세부 전공을 선택하는 시스템이었다. 그 시절, 전기공학과는 가장 인기 없는 과 중 하나였다. 특히 여학우들은 전기과 선택을 더욱 꺼리는 경향이 있었다.

사실, 나 역시 처음부터 전기과를 선택하려고 했던 것은 아니다. 회로이론 첫 시험에서 거의 0점에 가까운 점수를 받고 나서야, 상황의 심각성을 깨달았다. F는 받을 수 없다는 절박한 마음에 작은 용기를 내어 교수님을 찾아갔다. 그리고 놀라운 광경을 목격했다. 교수님의 연구실에는 이미 많은 학생들이 앉아서 공부를 하고 있었다. 어느새 나도 그 무리에 끼어, 매일같이 교수님을 찾아가게 되었다.

밤이 새도록 교수님과 함께 고민하고 문제를 풀면서, 진로에 대한 상담도 받을 수 있었다. 그렇게 노력한 결과, 다음 시험부터는 만점에 가까운 점수를 받을 수 있었고, F를 걱정하던 내가 A를 받게 되었다. 나를 지도해 주신 송영주 교수님 덕분에 자연스럽게 전기공학으로 진로를 선택하게 되었다.

4학년이 되었을 때, 남자들이 많은 이곳에서 여자인 내가 살아남으려면 하나라도 더 경쟁력을 갖춰야 한다는 생각이 들었다. 그래서 지도교수님인 최홍규 교수님을 찾아가 무작정 "저를 받아 주세요!"라고 말씀드렸다. 그러나 교수님은 바로 허락하지 않으셨다. 대신 대학원 시험 전까지 자격증 두 개를 합격해야 한다는 조건을 내걸었다.

나에게 주어진 시간은 많지 않았다. 친구와 함께 학원과 도서관을 오

가며 열심히 전기기사 자격증을 준비했다. 한 번의 실패는 있었지만, 계획한 시간 안에 전기기사 자격증을 취득했고, 이어서 소방전기기사 자격증도 따냈다. 드디어 당당히 합격증을 들고 교수님을 찾아갔고, 그 이후로 나는 뭔가를 해낼 수 있다는 자신감이 생겼다.

그렇게 나는 홍익대학교 대학원 전기공학과에 입학하게 되었고, 나에게는 또 하나의 조건이 주어졌다. 그것은 바로 건축전기설비기술사 시험에 합격해야만 박사 학위를 취득할 수 있다는 것이었다. 이 도전적인 목표는 나의 대학원 생활에 큰 동기를 부여했고, 나는 이를 당당히 수락하며 대학원 생활을 시작하게 되었다.

석사 학위를 마친 후, 박사 과정에 들어서면서 나는 건축전기설비기술사 시험에 여러 번 도전하게 되었다. 그러나 시험 준비를 하면서 단순히 이론만으로는 기술사를 이해하는 데 한계가 있음을 깨닫게 되었다. 지금까지 배워 온 전기 이론만으로는 현실의 복잡한 문제들을 해결하는 데 충분하지 않았다.

이러한 깨달음은 나를 책에서 배울 수 없는 현장의 전기를 배우게 만들었다. 나는 여러 선배님들을 찾아다니며 실무 경험을 쌓고, 현장에서의 노하우와 지식을 배우기 위해 노력했다. 이 과정은 나에게 매우 값진 경험이 되었고, 결국에는 건축전기설비기술사 시험에 당당히 합격할 수 있었다.

기술사 시험에 합격한 후, 나는 박사 학위를 취득할 수 있었고, 이 모든 과정은 나의 전기공학에 대한 이해를 한층 더 깊고 넓게 만들어 주었다. 기술사 자격을 얻는 여정은 나의 경력에 있어 큰 전환점이었으며, 이로 인해 연구와 실무에 대한 통찰력을 더욱 키울 수 있었다.

내가 만든 벽을 허물고 새롭게 시작하다

공학박사와 건축전기설비기술사라는 타이틀을 가지고 사회에 첫발을 내디뎠을 때, 주변 사람들은 나의 커리어를 굉장히 높게 평가해 주었다. 그러나 정작 나는 한없이 위축되어 있었다. 실무 경험이 적다는 것, 나이가 어리다는 것, 그리고 여자라는 것. 이러한 문제들이 마치 커다란 장벽처럼 내 앞을 가로막고 있는 듯했다. 스스로도 이런저런 핑계를 대며 내가 할 수 있는 최소한의 일만 하면서 시간을 보내고 있었다.

설계감리 회사에 입사하여 기술 지원을 하며 약 4년 정도를 보내는 동안, 나의 발전은 더 이상 없었다. 이따금씩 다른 일을 찾아야겠다는 생각이 들기도 했다. 자신을 발전시키고 싶다는 마음은 있었지만, 현실의 벽 앞에서 주저하는 나를 발견하곤 했다.

아무런 활동도 하지 않았던 시간을 뒤로하고 여성 기술 사회의 활동에 참여하게 되면서, 많은 여성 기술사님들을 만날 수 있었다. 그분들은 모두 어려운 조건을 극복하고 자신의 자리를 멋지게 지켜 나가고 계셨다. 이러한 만남은 내게 큰 영감을 주었고, 부족한 나에게 여러 봉사 활동과 더불어 여학우들에게 공학을 알리는 멘토링 기회가 생기게 되었다.

특히 취약계층의 안전 진단을 하며 전기적으로 위험 요소들을 점검하고 해결 방법을 제안할 수 있는 기회를 통해 그간 내가 해 온 과정이 조금이나마 도움이 된다는 것을 깨달았다. 이 경험을 통해 그동안 내가 보내온 시간이 헛되지 않았음을 느낄 수 있었다. 또한, 다양한 분야의 기술사님들이 자신의 능력을 소리 없이 다른 사람들을 위해 활용하는 모습을 보며 스스로에게 '지금 나는 무엇을 하고 있는가?'라는 질문을 던지게 되었다.

그분들의 헌신적인 모습을 통해 나는 새로운 영감을 얻었고, 내 앞에 놓인 장애물들을 다시금 생각하게 되었다. 여성 기술 사회의 활동은 단순히 기술적인 능력을 키우는 것을 넘어, 사회에 긍정적인 영향을 미치는 방법을 배우고, 나아가 나 자신을 성장시킬 수 있는 계기가 되었다. 이런 경험을 통해 나는 앞으로의 길에 대한 새로운 동기 부여를 얻었고, 더 나은 미래를 위한 발걸음을 내디뎌 보고자 용기를 낼 수 있었다.

바로 그때, 기유경 대표님께서 나에게 연구 과제를 함께해 보자고 제안해 주셨다. 사실 그 당시에도 자신은 없었다. 어쩌면 그런 자신 없음을 인정할 용기조차 없었던 것일지도 모르겠다. 하지만 한편으로는 내가 조금이라도 잘할 수 있는 일이 그것이라면, 한번 도전해 보자고 마음먹었다.

그리고 그 순간, 내가 지금까지 '못하겠다'며 쌓아 왔던 벽들은 사실 내가 만들어 놓았다는 것을 깨달았다. 내가 만든 벽이기에 허무는 것 또한 내가 할 수 있는 일이었다. 나는 조금씩 그 벽을 허물어 보고 싶어졌다.

그렇게 결심한 후, 나는 현재의 유로컨설팅에 입사하게 되었다. 이 결정은 나에게 새로운 도전의 시작이었고, 내가 가진 두려움과 벽을 넘어서는 첫걸음이 되었다. 이 과정을 통해 나는 나 자신을 믿고 성장해 나가기로 다짐했다. 이 변화는 나의 커리어와 인생에 있어 새로운 전환점을 가져다주었다.

더 나은 미래를 위한 함께하는 작은 발걸음

인생에서 새로운 전환점을 맞이하던 순간, 세계는 큰 위기에 직면했다. 바로 COVID-19라는 팬데믹 상황이 우리를 덮쳤고, 우리의 일상은 상상할 수 없었던 날들로 채워졌다. 끝이 보이지 않을 것 같던 시간이 지나고, 우리는 일상으로 돌아왔을 때 AI와 로봇 기술 등 새로운 방향의 기술들이 급격히 발전해 있는 것을 발견했다. 이러한 기술들이 전기와 만나 얼마나 대단한 일을 할 수 있을까 하는 생각이 들었다.

4살배기 아들의 어린이집에서 '오늘은 미세먼지가 너무 많아 바깥 활동을 할 수 없다.'는 안내를 받을 때마다, 그리고 지구온난화를 설명해야 할 때, 엄마로서 이 세상을 먼저 살아온 어른으로서 너무 미안한 마음이 든다. 이러한 상황은 우리 아이들이 살아갈 세상이 조금이라도 더 깨끗해질 수 있도록 연구하고 싶은 마음을 불러일으켰다.

온실가스 저감을 위해 우리는 국가적으로 화석연료 사용을 줄이고 신재생에너지를 증가시키는 등 다양한 노력을 기울이고 있다. 그렇다면 전기공학자로서 우리가 어떤 도움을 줄 수 있을까? 전기를 생산하는 것뿐만 아니라 사용하는 것도 중요한 역할이라고 생각한다.

국방시설의 수용률 기준을 정립하는 연구는 기존에 과도하게 설계된 부분을 바로잡아, 결과적으로 에너지 절약에 기여했다. 이를 통해 전기공학이 에너지 절감과 효율성 증대에 어떻게 기여할 수 있는지를 확인할 수 있었다.

또한, 도시의 야간 경관 조명에 스마트 조명 시스템을 적용하여 시민들의 안전을 보장하면서도 에너지를 절감하는 데 주력했다. 날씨와 미세먼지 현황과 같은 정보를 효과적으로 전달하여, 더 나은 삶의 질을 제공하는 동시에 에너지 효율을 높일 수 있었다. 또 IOT 센서를 활용하여 세밀한 디밍 제어를 통해 추가적인 에너지 절감 효과를 실현하였다.

현재 친환경 차의 증가 추세에 따라 전기차 충전의 불편함과 요구 사항이 늘어나고 있음에 따라 전기 충전기의 전력 분배를 위한 알고리즘을 개발하고 시장에 맞게 현실화하는 것을 목표로 하고 있다. 이 과정은 에너지 효율성을 높이고, 사용자 편의성을 증대시키는 데 기여할 것이다.

AI 기술 등과 같은 다른 기술들과 융합하여 우리의 전기에너지를 스마트하게 사용할 수 있는 기술 또는 운영 방안들을 계속해서 발전시키고자 하고 있다. 이러한 노력들로 탄소중립을 실현하는 데 중요한 역할을 하며, 지속 가능한 에너지 사용을 가능하게 하고자 계속해서 노력할 것이다.

미래를 함께 걸어갈 여성 공학자들에게

아무것도 아닌 저의 이야기를 여기까지 읽어 주신 모든 분들께 감사드립니다. 저의 작은 발걸음이 공학을 시작하는 어떤 분들에게 용기가 되길 바랍니다. 우리는 조금씩, 그러나 확실히 더 나은 미래를 향해 나아가고 있다고 믿습니다. 우리의 아이들이 살아갈 세상이 조금 더 깨끗하고, 지속 가능한 방향으로 나아갈 수 있도록 우리 여성 공학자들이 함께 걸어가길 소망합니다.

YOLO,
창업 도전

김혜연
주식회사 하나루프 대표

이화여자대학교 물리학과에서 학사, 고려대학교 영상정보처리학과에서 석사 학위를 취득한 후, 2000년부터 삼성전자 중앙연구소, 무선사업부에서 약 4년간 근무하였다. Altenia에서 IT 컨설턴트로 일하며, Culturaplus, Arteplus에서 문화예술 행사를 기획, KOWORC 한국창의여성연구협동조합의 연구원으로 국가 정책 연구를 수행했다. 유튜브 채널 Hyeyeon's Eco-choice를 통해 개인의 환경을 위한 노력이 모이면 얼마나 큰 임팩트가 있는지를 알리다가, 주식회사 하나루프를 창업하여 산업이 지속 가능한 산업 활동 인프라를 구축할 수 있는 디지털 서비스를 개발하며 기후위기 대응에 힘을 보태고 있다.

세상을 바꾸는 첫걸음

2021년까지 미국 캘리포니아에 살았다. 해마다 더 심해지고 오래 지속되는 산불을 경험했다. 집 근처에서 산불이 나 재가 날려 창문을 열 수가 없었는데, 그 산불이 4개월 동안 꺼지지 않았다. 해마다 이상기후가 더 심해지는 것을 보고 기후변화를 실감했다.

그리고 코로나 쿼런틴으로 모두 집에서 나오지 못하게 되었을 때, 작은 바이러스가 그리도 쉽게 세상을 바꿀 수 있음을 깨달았다. 당장 뭐라도 내가 할 수 있는 일을 하고 싶어졌고, 제일 처음 시도했던 것은 환경을 위한 개인의 노력의 임팩트를 계산해서 유튜브로 알리는 것이었다.

나의 학부 전공은 물리학. 문제를 간단하게 해석하여 푸는 일이 적성에 맞아 좋아했던 수학, 물리였는데 학문의 깊이가 깊어질수록 실질적인 결과물을 보고 싶다는 마음이 커져 대학원에서는 전산학을 공부했다. 그때 한 것이 연상 메모리를 설계하는 일이었다.

그 후 삼성전자 중앙연구소의 HCI(Human & Computer Interface) 팀에서 음성인식엔진을 최적화하고, 웨어러블 컴퓨팅(Wearable computing) 애플리케이션을 기획했고, UMTS 팀에서 임베디드 소프트웨어를 개발하며 무선사업부로 옮겨 가 유럽향 핸드폰을 개발하며 R&D 결과가 제품화되는 과정을 함께할 수 있었다. 그 뒤 IT 컨설팅도, 정부용역과제 연구도, 문화행사 기획도 그때그때 전공과 딱 맞아떨어지지는 않는, 여러 일들을 하며 살았다.

그리고 시작한 유튜버 활동. 역시 나의 전공과 그다지 큰 관련은 없으나, 열심히 환경 영향을 계산하고 있으니 데이터를 다룬다는 부분에서 연관을 찾을 수도 있겠다. 그렇게 나는 환경을 위한 개인의 노력을 계산하며 협력을 권유하는 비디오를 만들었다. 계산해 본 결과 환경을 위한 개인의 노력은 분명 의미 있었으나, 시급한 기후위기를 위해서는 개인과 산업이 같이 움직여야 했다.

시급한 문제 해결을 위해 효율적인 노력이 필요하다는 결론을 내렸다. 그러한 연유로 기업이 지속 가능한 기업 활동을 할 수 있도록 지원하는 일을 하기로 결정했고, 그 뜻을 합해 동업자와 창업했다.

한 번뿐인 인생, 의미 있는 일을 위해

YOLO.
한 번뿐인 인생, 의미 있는 일에 나의 능력과 에너지를 쏟자.

기후위기문제 해결이라는 의미 있는 일을 하기 위해 창업하고 제일 먼저 시작한 것은 공부였다. 기후변화를 완화시키기 위해서는 배출되는 온실가스의 양을 줄이고 결국 탄소중립을 이루어야 한다. 그를 위해서 제일 먼저 해야 할 것은 탄소를 얼마나 배출하는지 아는 일이다.

바로 그때 필요한 것이 바로 디지털 탄소회계 기술이었다. 기업에서 탄소 배출량을 엑셀 툴로 관리하기에는 그 한계가 분명했고, 보다 많은 기업이 큰 투자 없이도 탄소를 관리하기 위해서는 클라우드 기반 서비스는 필수였다. 계산하고 분석하는 것을 솔루션으로 만들어 가는 것은 그간 쌓아 온 경험상 해 볼 만한 일이라는 판단으로, 디지털 탄소회계 솔루션은 탄소중립에 기여하자는 창업팀의 미션을 위한 첫 아이템으로 적합했다. 그렇게 클라우드 기반 탄소관리 플랫폼 서비스 하나에코 (Hana.eco)를 기획했다.

물리학을 전공했고 엔지니어, 연구원으로 살아온 나는 환경도메인 전문가가 아니었다. 미국에서 Sustainability Technology 관련 과목을 들으며 LEED Green Associate 자격증을 획득했으나, 지속 가능성에 관심만 있을 뿐, 병아리였다. 대신, 나의 선택을 현실화하기 위해 무엇이든 하겠다는 각오와 열정은 가득했다.

그 열정으로 주변의 사람들에게 탄소회계서비스 개발 계획을 알리니 아는 분이 "환경공단의 온실가스 전문가 양성과정"을 소개해 주셨다. 그분은 '우리의 미래 고객이 이 양성 과정을 듣는 분들이 아닐까?'라고 아이디어를 주신 것이었지만, 들여다보니 바로 내가 가서 들어야 하는 과정이었다.

절묘한 타이밍으로 수강생으로 선정되어 1개월 동안 집중적으로 온실가스 관리 방법론과 정책을 학습하고 3개월간 컨설팅사에서 실무를 경험해 볼 수 있었다. 그 과정에서 우리가 기획한 클라우드 기반 탄소관리 플랫폼은 컨설턴트에게도, 기업에게도 꼭 필요한 소프트웨어 솔루션이라는 확신을 갖게 되었다.

함께 성장하는 월화수목금금금…

그와 함께 아이템 개발을 위해 자금을 확보했다. 창업 초기에 IT 컨설팅 업무를 수행하며 개발 자금을 확보했고, 중소벤처기업부의 창업성장

R&D 지원사업에 탄소회계 시스템 개발 연구에 지원하여 자금을 확보했다.

함께 일할 팀도 찾았다. 빨리 함께 가기 위해. 그 과정에서 공통의 이상을 가지고 서로 다른 배경의 사람들이 함께 사업을 현실화해 가는 것은 쉽지 않기 때문에 그만큼 가치가 있음을 배웠다.

그리고 실제 우리의 솔루션을 사용해 줄 고객사를 찾았다. 아이템 설계 후 최소 기능과 계획을 가지고 고객사를 설득했다. 첫 고객에게 가장 유용한 솔루션을 제공하는 것이 우리의 첫 번째 목표였다.

한 발 내딛으면 다른 것이 보인다. 그렇게 한 발 한 발 나가며 3년을 보내고 보니, 그동안 나의 경험은 참으로 풍부해졌다.

그간 창업 이전에 해 봤던 일보다 안 해 봤던 일을 더 많이 했고, 잘한 것도 있고 못한 것도 있다. 시도해서 된 것 빼고는 다 안 됐다. 월화수목금금금, 내일이 마감…. 나의 성장과 배움의 속도보다 눈높이가 더 빨리 높아지는 삶을 3년 동안 살며 계속 떨어지고 거절당하고 그러다가 힘 빠지지 않을 만큼의 성취를 느끼는 날들이 반복되고 있다.

그 길에서 만난 사람들, 떠올리면 가슴 뿌듯하고 든든한 분들이 내 인생에 늘어나고 있는 것은 뜻밖의 선물이다.

개발자 출신 대표의 한계를 극복하기 위해

나의 창업 실전에 전공이 중요했는지, 이전 경험이 중요했는지 생각해 본다.

나의 이공계 엔지니어 경험은 기술을 이해하고, 우리의 아이템을 만들어 가는 데 유익했다. R&D 사업계획서의 앞부분을 채우는 데도 유익했다. 그리고 학교와 현장에서 문제를 가장 단순하게 만들어 풀어 보던 훈련은 새로운 환경 도메인의 지식들을 이해하고 공유하는 데 도움이 많이 되었다. 그러나 이 아이템을 구체적으로 어떻게 사업화할 것인가에 대한 전략을 세우기가 어려웠고, 이 사업을 고객과 투자자에게 설득력 있는 스토리와 비전으로 설명하고 파는 일은 쉽지 않았다.

"개발자 출신 대표들은 사업 설명이 너무 어려워요. 투자자나 고객을 움직이는 것은 기술이 아니에요."

MD 출신이 스타트업을 성공시킬 가능성이 크다는 이야기를 들었다. 고객의 필요를 가장 잘 아는 사람이 사업에 성공한다는 설득력 있는 논리이다. 문제를 기술로 푸는 시도에는 익숙했지만 그 문제를 푸는 과정이 왜 필요한지, 풀면 얼마나 좋은지 고객을 설득하고 가치를 공감시키는 데에는 서툴렀다. 언어도 딱딱했고, 접근도 내 위주였다.

내가 보기에 완벽하지 않아서 아직 결과물을 공개하고 싶지 않은 마음이 끓어오를 때 잠시 나를 멈춘다. 사업으로 세상과 소통할 때 수학 문제를 풀며 정답을 찾아내는 성향을 인지하고 때로는 멀리하려 노력했다.

정답 없는 결정들을 수시로 하고 시험대에 올리고 피드백을 받고 그것을 개선하는 사이클을 추구했다. 스타트업은 적은 리소스로 효율적으로 결과를 만들어야 한다. 리소스가 적다는 것은 이미 내가 대기업에서 일할 때와는 환경이 다르다는 것을 의미하며, 그렇기에 빠른 시간 안에 우선순위를 정해 실행하고 빨리 결과를 보고 다음 일을 결정했다.

새로운 선택에 대한 두려움이 생길 때, 잠시 나를 과거의 어느 점에 보내 본다. 그 점에서 내가 어떤 선택을 했다면 그 결과가 현재의 나에게 그리 두려운 결과일까를 생각해 보는 것이다. 그러고 나면 용기가 솟는다. 까짓거 돌이켜 보면 별거 없었다. 그렇게 한순간 한순간을 나아가는 것이다.

YOLO족 선택의 찬란한 결말을 꿈꾸며

"자랑은 많이 할수록 좋습니다."

『세·바·여』의 집필진 프로필 요청 양식 괄호 안에 들어 있던 요청 사항이다. 이렇게 설명을 해 줘야 자랑을 좀 하시는구나. 여자 이공계열 분들은 겸손하시구나. 생각하니, 씩 웃음이 나왔다. 그 겸손이 겸손으로 받아들여지기까지 얼마나 더 많은 노력을 해야 했을까, 생각했다.

오늘 배우고 싶은 선배 경영인을 만났다. 오랜 사업에서 가장 중요하게 지켜야 할 것은 '진정성'이었다는 말씀에 마음에 울림이 있었다.

고객과 사회가 가장 필요로 하는 서비스는 무엇일까, 그 서비스로 우리의 사회적인 가치도 실현할 수 있을까를 끊임없이 고민하며, 진정성을 가지고 계속적으로 창의적인 기회를 만들어 가는 길이 창업의 길이라고 생각한다.

배우고 실행할 것이 내 앞길에 차고 넘친다. 그리고 나는 이것들을 계속해 나갈 것이다. 두려움 없는 YOLO족 선택의 찬란한 결말을 위해, 그리고 나와 같이 인생의 의미를 되물으며 꿈꾸고 시도하는 누군가에게 든든한 지원군이 되기 위해.

공학과 사회의 경계에서
지속 가능한 미래를 꿈꾸다

이 경 선

아칸소 주립대학 리틀락 캠퍼스 지리학 조교수

서울대학교에서 화학생물공학 학사, 과학사 및 과학철학 협동과정 석사를 졸업하고, 미국 뉴욕주립대학 환경과학 및 임학 대학에서 환경정책 박사 학위를 취득하였다. 텍사스 A&M 대학에서 박사후 연구원을 마친 후, 콜로라도 대학 볼더 캠퍼스에서 강의 조교수를 역임했다. 현재 아칸소 주립대학 리틀락 캠퍼스에서 지리학 조교수로 재직 중이다. 지속 가능한 미래를 만들기 위해 새로운 과학기술이 사회에 도입되는 과정을 연구하고 있으며, 저서로는 『국경 없는 과학기술자들: 적정기술과 지속 가능한 세상』이 있다.

공대를 졸업한 나는 왜 역사학과 교수가 되었나?

고등학교 시절, 내 장래 희망은 언제나 '과학자'였다. 가장 좋아했던 과목은 화학으로, 세상 모든 물질이 무엇으로 이루어져 있는지, 그리고 어떻게 변화하는지를 알아 가는 과정이 참 재미있게 느껴졌다. 화학부 동아리를 만들어 직접 실험을 하고, 경시대회에도 나가고, 그리고 화학공학자를 꿈꾸며 서울대학교 화학생물공학부에 대통령 과학 장학금을 받으며 입학했다. 그때 나는 평생 화학공학도로 살 것이라고 생각했다.

하지만 지금 나는 역사학과에 소속된 지리학 조교수로 학생들을 가르친다. 학생들에게 지속 가능한 미래가 무엇인지를 가르치고, 이를 위해 우리가 무엇을 해야 할지를 함께 이야기한다. 연구 분야는 지속 가능한 전환(sustainability transition)으로, 지속 가능한 미래를 위한 새로운 과학기술의 등장과 그 과학기술들이 우리 사회에 어떻게 적용될 수 있는지에 대해 연구하고 있다.

연구 주제가 되는 새로운 과학기술의 대상으로 박사 과정에서는 산업 생태단지를, 박사후 과정에서는 해수담수화 기술에 대한 연구를 진행했으며, 최근에는 그린수소 기술의 개발과 적용에 관심을 가지고 있다.

강의와 연구 이외에도 고등교육, 특히 STEM 교육이 다양성을 포용하고, 변화하는 사회에 대응해 어떻게 변화하는지 알아 가기 위해 교내외의 다양한 활동에 참여하고 있다. 또한 대중 및 정책결정자들에게 과학, 특히 환경 문제에 대해 더 자세히 알리기 위해 미국 지구 물리학 협회(American Geographical Union)에서 선정하는 과학 커뮤니케이터 양성 프로그램 '과학의 목소리(Voices for Sciences)'에도 선발되어 활동하고 있다.

다른 공학도들과는 다른 진로이기에, 원고를 쓰기까지 조금 망설여지기도 했다. 하지만 빠르게 변화하고 있는 사회와 새롭게 등장하는 기술들 그리고 학제간 연구가 중요해지는 오늘날, 공학을 공부한다는 것이 더 나은 사회를 만드는 데 어떤 도움이 되는지 생각해 보는 기회를 만들어 주고 싶기에, 내가 걸어왔던 길, 그리고 하고 있는 고민에 대해 이야기해 보고자 한다.

내가 지금 개발하는 기술이 지속 가능한 미래를 만들 수 있을까?

대학교에 입학해서 만난 화학공학이라는 분야는 생각보다 넓은 분야였다. 일상생활의 거의 모든 분야가 화학공학과 관련이 있다. 화학공학이 다양한 분야에 관련 있는 분야이기에 진로의 폭도 넓었다.

대학교 당시 나는 에너지 문제에 관심이 많았다. 공학도로서 인류가 더 이상 석유를 사용하지 않더라도 사용할 수 있는 새로운 에너지원을 개발하는 데 기여하고 싶었다. 대학을 졸업하고, 한 플랜트 엔지니어링 회사의 연구소에 입사하여 바이오 매스 플랜트 설계 프로젝트에 참여하게 되면서, 그 꿈은 실제가 되는 것 같았다.

하지만 현장에서 내가 배운 것은 생각보다 세상은 그렇게 단순하지 않다는 것이었다. 새로운 기술이 개발되기까지의 과정도 쉽지 않았으며, 그 과정에는 과학기술적 지식뿐만 아니라 수많은 경제적, 정책적,

그리고 사회적 논의와 합의가 이루어져야 함을 알게 되었다. 당시 엔지니어였던 나는 과학기술을 직접 개발하는 것보다는, 이러한 과학을 둘러싼 사회에 더 관심을 가지가 되어 퇴사를 하고, 석사에서는 과학사를 그리고 박사에서는 환경 정책을 공부하였다.

기나긴 공부의 터널을 거쳐 현재 하고 있는 연구는 지속 가능한 전환에 관한 연구이다. 이 연구 분야에서는 기술을 독자적으로 보는 것만이 아니라, 사회와 연결된 사회-기술 시스템(Socio-technical system)으로 보고, 보다 지속 가능한 사회-기술 시스템으로 전환할 수 있는 방안에 대해 연구한다.

미국 뉴욕 주립대학 박사 졸업 사진

박사 과정에서는 한국과 일본에서 산업단지가 생태산업단지로 전환되는 과정을 연구했고, 박사후 과정 이후부터는 담수화 기술, 특히 해수담수화 기술이 기존의 수자원 시스템을 보다 지속 가능하게 변화시킬 수 있는가에 대한 연구를 하고 있다.

공학을 공부한 것이 지금 하는 연구에 도움이 될까?

학위를 마치고 자리 잡기까지 과정은 쉽지 않았다. 가장 큰 어려움은 내 연구가 학제간 연구라는 점이었다. 학제간 연구는 과학기술 분야 내에서도 이루어지지만, 과학기술과 사회과학 분야 사이에서도 이루어진다. 내 학위 과정과 연구는 과학기술 분야도 이해하고, 사회과학 분야도 이해해야 하는 그 경계에 있는 과정이었다.

이런 분야의 연구를 하는 것은 너무나도 재미있고 즐거운 일이지만, 내 연구의 필요성과 가치를 설명하기란 쉽지 않다. 아직까지는 전통 과학기술 분야와 사회과학 분야가 나누어져 있는 대학의 시스템상 사회과학 학위가 없는 나는 사회과학 분야에 자리 잡기 어려웠고, 석사 이상의 과학기술 학위가 없어 과학기술 분야에도 자리 잡기 어려웠다. 다행히 학제간 연구와 다양한 분야의 강의 경험과 가능성을 높게 평가해 준 현재의 자리에 자리를 잡았다.

어려운 취업 과정에서 내가 만약 공학을 공부하지 않았더라면, 이라는 생각을 여러 번 했던 것도 사실이다. 하지만 언제나 그 대답은 '공학을 전공해서 정말 잘했어!'였다. 먼저 연구 분야를 이해하는 데 있어서 공학적 지식이 필수적이었다.

　박사후 과정에서 해수담수화 플랜트의 지속 가능성에 대한 평가에 관한 연구를 하면서 봐야 했던 것은 공정설계 수업 시간에 배우던, 그리고 신입사원 시절에 마주했던 공정설계도였다. 우리 연구 팀에서 그 공정설계도를 이해하고 해석할 수 있는 사람은 나뿐이었고, 관련 데이터는 자연스럽게 나의 연구로, 연구 업적으로 이어졌다. 나만이 할 수 있는 독창적인 연구 분야가 생기는 것이다.

　또한 연구를 위해 엔지니어들과 소통하는 과정에서도 나의 공학도로의 배경은 큰 힘을 발휘했다. 함께 일하는 공대 교수님들과 연구 프로젝트에 대한 이야기를 할 때도, 관련 연구를 위해 현업에서 일하는 과학자, 공학자들과 인터뷰를 할 때도 공학도라는 배경은 처음 대화를 시작할 때 친근감을 주었고, 대화나 인터뷰 중의 전문용어 등을 이해하는 데 큰 도움이 되었다.

　하지만 가장 중요한 점은 내 안에 키워진 '공학적 사고'와 공학을 대하는 자세가 공대에서 가장 큰 배움이라고 할 수 있다. 매 학기 다가오는 몇 번의 시험을 대비하기 위해 눈앞의 문제만 풀어야 되었던 대학생 시절에는 공학적 사고가 무엇인지 그렇게 와닿지 않았다. 하지만 시간이 지나 생각해 보면, 상황을 관찰하여 문제점을 알아내고, 그 문제점을 해결하기 위해 다양한 방법으로 사고해 보고, 실험해 보고, 이를 바탕으로 문제를 해결하는 '문제 해결 능력'이 '공학적 사고'의 핵심이었다.

　이 공학적 사고는 꼭 공학 분야 안에서 커리어를 이어 나가지 않더라도, 한 사람의 연구자로서 많은 도움이 되고 있다. 그리고 그 바탕에는 공학을 사랑하는 마음이 있다. 내가 더 이상 새로운 기술을 직접 개발하는 사람은 아니더라도, 공학의, 그리고 과학기술의 발전이 조금 더 나은 사회를 만드는 데 도움이 될 것이라 믿는다.

공학과 사회의 경계에서 지속 가능한 미래로

미국의 대학에서 일하면서 STEM 교육, 특히 공학 교육에 대해 많이 생각하게 된다. 연구자나 교수로서의 관심도 있지만, 한편으로는 미래에는 어떤 공학도들을 필요로 할까, 라는 개인적인 호기심도 있다.

최근 흥미롭게 여기는 현상은 미국 대학에서 공학 분야도 점차 사회와의 연계를 고려하며, 이에 관한 수업이나 프로젝트도 늘고 있고 이를 전담하는 교수도 늘고 있다는 점이다. 공대 수업으로 환경 정의에 관한 수업을 듣고, 커뮤니티에 처한 문제들을 공학적으로 해결해 보려는 연구나 수업도 늘고 있으며, 이러한 연구 분야를 수행하는 교수를 공대 교수로 채용하는 학과도 늘고 있다.

이과와 문과의 경계가 뚜렷한 우리나라의 교육과 달리, 그 경계가 느슨한 미국에서는 공학을 전공하는 학생들도 부전공으로 몇 개의 사회과학, 인문과학을 전공하기도 한다. 이런 환경에서 공부하며 미래를 대비하는 학생들을 보면 내가 대학교 때 생각했던 것과 달리 공학과 사회 사이의 구분선은 생각보다 흐릿할지도 모른다는 생각을 한다.

교수라는 커리어를 시작한 지 얼마 안 되는 입장에서 하고 싶은 일이 많다. 연구하고 싶은 것도, 가르치고 싶은 것도 많지만 무엇보다 많은 공학도들에게 우리 사회 속에서 공학 연구의 의미를 묻고, 조금 더 나은 세상을 만들기 위해 우리가 무엇을 할 수 있는지 생각해 볼 수 있는 기회를 많이 만들고 싶다. 이를 위해 적정기술에 대한 책도 쓰고, 변화를 꿈꾸는 과학기술인 네트워크(ESC)에서도 활동하고 있다.

공학도들에게 지금 공부하고, 개발하고 있는 과학기술과 우리 사회가 어떤 관계를 가지고 있는지, 이 기술이 사회에 실현되려면 어떤 사회 시스템들이 필요한지, 또 이는 지속 가능한 미래를 만들 수 있는지 생각하는 것은 너무 복잡하고, 당장은 내 일이 아닌 것처럼 느껴질 수도 있다. 하지만 조금이라도 관심을 가지고, 잠깐이라도 생각해 볼 기회를 갖는 것은 생각보다 어려운 일이 아닐 것이다.

그리고 그 작은 관심과 생각들이 모이면 세상을 바꾸는 큰 변화를 가져올 것이다. 세상을 바꾸는 변화를 만들기 위해, 이 글을 읽는 독자들도 한 번쯤 생각해 볼 기회를 가지면 좋겠다.

돌, 지진, 원자력발전소…
자연과 함께하는 지진공학자

박 동 희

한국수력원자력 중앙연구원 구조내진그룹장(수석연구원/처장)

서울대학교 지구환경과학부에서 지진학으로 이학박사 학위를 취득, 2004년 한 국전력공사 전력연구원으로 입사하여 2011년부터 한국수력원자력 중앙연구원에 서 원자력발전소의 설계지진을 연구하는 지진공학자로 근무 중이다. 2011년 과 학의 날 교육과학기술부장관상, 2021년 과학·정보통신의 날 국무총리 유공 표 창, 2018년 세계 기상의 날 기상청장상, 2022년 대한지질학회 기술상을 수상했 다. 행정안전부 지진화산방재정책 전문위원회와 단층검토위원회 위원으로 활동 하며 지진에 대한 사회기반시설의 대비에도 많은 관심을 갖고 있다. 또 한국지진 공학회 여성위원회, 한국여성원자력전문인협회 회원으로서 다년간 대학생 멘토 링 사업의 멘토로 활동하며 산업계, 학계에서 여성 후배 양성에 지속적인 노력을 기울이고 있다.

햄머를 들고 이 산 저 산을 뛰어다니는 여학생

"가자~ 햄머(hammer)를 들고, 가자~ 저 산을 넘어… 가자 가자 가자… 우리 땅, 우리 꿈 산산에 퍼져라…."

이 노래는 대학에 입학하면서 과 선배들에게 처음 배운 이래, 대학 시절 내내 산으로 들로 다니면서 목소리 높여 부르던 내가 전공한 지질학과(지구환경과학부) 과가의 끝 소절이다.

햄머(망치)? 땅? 산?

'과가라고 한 걸 보니 무슨 산악 동아리 모임도 아니고, 농촌 봉사 모임도 아닐 텐데…. 거참 노래 하나 요상하구나.' 하고 생각하시는 분들도 계시겠지만, 자연을 벗 삼아 공부하는 '지질학'이라는 학문을 가장 편하게 잘 표현한 노래인 것 같아 학교를 졸업한 지 꽤 많은 시간이 흘러도 문득문득 흥얼거리게 되는 노래이다.

'지질학'이라는 학문은 일반인들에게 다소 생소하게 받아들여지는데, 알고 보면 어릴 때부터 만화영화나 책 등에서 너무 친숙하게 보아온 공룡 · 화산 · 지진 · 기후변화 등 우리가 살아가고 있는 지구를 다루는 '지구과학'이다. 그러다 보니 지질학과 강의는 교실에서 이루어지는 이론과 동시에 주변에서 늘 보아 오던 '돌'에 대한 현장조사가 상당 부분을 차지한다.

사실 여성 · 남성 성별에 어울리는 전공이 있다는 편견은 없지만, 지질학과에 입학 후 처음에는 우리가 '노두'라고 부르는 지층을 조사하기 위해 하루 종일 길도 없는 산길, 들길, 이곳저곳을 햄머(망치)를 들고 걷고 뛰어다니면서 어떨 때는 이미 해가 지고 있음에도 산길을 빠져나

오지 못하거나 산짐승을 만나 다리를 후덜덜 떨면서 이대로 집에 돌아가지 못하겠구나 하는 공포심을 가진 적이 다반수일 정도로 체력적으로 힘들었다.

야외조사에서 걸음이 빠른 남자 선배들, 남자 동기들은 저기 앞에서 앞장서서 높은 산도 척척 올라가고, 실험실 분석을 위한 샘플로 쓰일 무거운 돌도 채취하는데, 난 저 뒤꽁무니만 겨우 따라다닐 뿐이니…. 그렇다고 스스로 여성들이 가지는 체력의 한계를 핑계 댈 필요는 없을 것 같다. 나는 나대로 내가 강점을 가질 수 있는 부분에 집중하면 될 테니 말이다.

아주 작은 것부터 함께 나누고 고민하는 과정

이처럼 나에게는 야외조사 자체는 힘들고 어려운 분야였지만, 야외지질조사를 나갈 때마다 꼭 챙겨 간 양푼이에 밥과 각종 반찬, 거기다 고추장을 한 스푼 푹~ 넣어 비빔밥을 먹는 재미에 빠져 점점 야외조사에 흥미를 느끼기 시작해서, 학부 졸업 후에 자연스럽게 대학원에 진학하게 되었다.

지금에 와서 생각해 보면 진로를 결정하는 데에는 학문에 대한 열정과 전공에 대한 흥미도 중요하지만, 전공을 하는 과정에서 선후배 관계, 실험 과정이나 조사 과정에서 함께 고생하면서 나눈 추억, 심지어는 수업을 들으면서, 공부를 하면서 함께 먹는 맛난 도시락이 그리워서 계속 실험을 열심히 한다거나, 공부에 매진하는 계기가 되어 결국엔 대학 졸업 후의 미래까지 이어질 전공을 선택하게 되는 것 같다.

따라서 아주 거창한 계기가 아니더라도 한 가지 분야에 아주 작은 것부터 함께 나누고 함께 고민하는 과정에 적극적으로 참여할 필요가 있다는 생각이 든다.

자연과학도에서 지진공학자가 되기까지

나는 석사 과정부터 지진학을 공부하였다. 지진학은 지구 내부를 통과하여 파동을 이용하여 지구 내부가 어떻게 구성되어 있는지 알아보는 학문으로, 우리한테 익숙한 지각·맨틀·외핵·내핵의 구분도 지진파 분석을 통하여 알아내는 것이다.

내가 학부 1학년을 마친 어느 겨울날. 그 당시 내진설계의 신화라고 불리던 일본의 건축물과 토목구조물을 거의 무너뜨려 버렸음은 물론이고 수만 명에 이르는 막대한 인적 피해와 더불어 한 도시를 초토화시켜 버린 고베지진(한신-아와지 대지진)이 발생하였다. 당시의 눈뜨고 볼 수 없을 정도의 아비규환의 지진 피해 현장을 보면서 '도대체 지진이란 것이 무엇이길래 이렇게 손쓸 수도 없이 당하고야 말아야 하는 것인가?'라는 생각에 지진학을 전공으로 선택하였다.

내가 대학원에서 공부하던 2000년 전후에는 우리나라에는 지진학에 대한 관심이 거의 없었고 지진학을 전공하신 교수님도 몇 분밖에 계시지 않아, 당시의 주변에서는 지진학을 선택한 나에 대하여 취직 걱정을 심각하게 할 정도의 비인기 전공이었다.

석사 과정의 주제는 우리나라에서 강지진이 생긴다면 어느 정도의 크기인지를 모사하는 주제로, 자연과학인 순수 지진학에서 다루는 분야와는 많이 다른 공학적인 측면에서 접근을 시작하였다. 자연과학을 전공한 내가 처음으로 공학을 만나게 되는 계기가 되었고, 현재까지 공학자로서 일을 하는 시작점이 되었다.

처음 시작할 때만 해도 나의 이런 공부가 어떻게 이용될지는 전혀 보이지가 않아 답답해했던 적도 많았지만, 나중엔 내가 모사한 강진 자료를 기반으로 건물 등의 내진설계에 이용된다는 것을 알게 되었다. 무엇보다도 원자력발전소를 포함한 주요 구조물의 내진설계에 입력요소로 가장 중요한 부분 중 하나라는 것을 알게 되어, 아주 작지만 나도 산업계에 작게나마 기여하고 있다는 것에 흥분했던 기억이 새삼스럽게 난다.

결국 조급해하지 않는 꾸준함은 또 다른 기회를 만들어 준다는 것을 조금씩 느끼게 되는 계기가 되었다.

지진공포에 빠진 원자력발전소 구하기

연구원 생활을 10년 정도 한 시기에 2007년도에 일본 니가타에서 지진이 발생하여 진앙지 인근에 위치하고 있던 카시와자키카리와 원자력발전소의 운전이 자동 정지되고 당시 지진으로 인하여 카시와자키카리와 원전의 설계지진을 초과한 사례가 발생하였다. 그 계기로 2009년부터 국내 원자력발전소에서도 운전기준을 초과하는 지진에 대한 지표 설정을 새롭게 하는 연구를 시작하게 되었다.

당시에 함께 지진 연구를 하던 선배 연구원이 다른 부서로 이동해서 처음으로 팀이 아닌 혼자서 지진 연구를 수행하며 국내 원자력발전소의 운전기준지진 지표를 새롭게 설정하고, 지진이 발생했을 때 어떤 크기 이상이 되면 발전소가 정지되어야 되는지에 대한 연구를 수행하게 되었다.

처음으로 혼자서 수행하면서 업무량도 너무 많고 지진학에만 초점을 맞추어 연구를 하던 내가 원자력발전소의 운전정지기준을 만드는 연구를 하다 보니, 발전소의 운전 원리 등에 대해서도 추가적으로 조사해야 될 부분이 너무 많아서 도무지 연구가 제대로 이루어지고 있는지 자신이 없었다.

그래도 혼자서 24개월의 연구를 마치고 나서는 나름 상당한 연구 성과가 있다고 자부하여 회사 내 우수연구성과 경진대회에 참여하였으나, 생각지도 못하게 가장 하위 성적을 받아 초라함만 더해질 뿐이었다. 게다가 주위의 반응은 국내에 큰 지진이 발생하지도 않는데 필요하지도 않은 연구를 왜 했냐는 약간의 책망이 있었다.

그러던 중 2016년 9월 12일 경주에서 1905년 근대적인 지진관측이 시작된 이래 국내에서 가장 큰 규모의 지진이 발생하였다. 이 지진의 진동은 상당히 커서 내가 살고 있는 대전에서까지 큰 흔들림을 느낄 수 있었다. 급기야는 원자력발전소의 운전을 수동 정지해야 하는 수준의 지진이었다.

한 번도 느껴 보지 못한 큰 지진에 경주 인근에 사는 사람들은 지진공포에 빠지게 되었으며, 원자력발전소는 안전하게 운전 정지를 하게 되었다. 이 과정에서 앞에서 이야기한 원자력발전소의 운전기준지진 초과지진 연구가 직접적으로 발전소 정지를 하게 되는 기준으로 이용되어 그 어느 연구 성과보다 발전소의 안전한 운영에 절대적인 기여를 하게 되었다. 결국 소신 있게 묵묵히 수행한 업무는 언젠가는 빛을 발하게 된다는 것을 다시 한번 느끼게 되었다.

순수한 열정이 이끈 나의 길

단순하게 지진을 알면 지진의 피해를 조금이라도 줄일 수 있지 않을까 하던 20대 초반의 조금은 순수했던 열정이 한국전력공사 전력연구원으로 이끌어 주었고, 그 후 정부의 한전을 비롯한 전력그룹사 연구개발 기능 조절에 의해 2011년 6월부터 한국수력원자력 중앙연구원에서 원자력발전소의 설계지진 등에 관한 연구를 수행하고 있다.

이 과정에서 너무나 열정적이고 멋지게 원자력계를 주름잡는 선배님들로부터 많은 가르침을 받고 있으며 지금의 나의 책무는 후배들에게 더 열심히 더 재미있게 일할 수 있도록 동기 부여를 해 주고 어려운 점을 경청하며 해결할 수 있는 발판을 만들어 주는 것이라고 생각한다.

"지구는 모든 것을 말해 준다. 지구랑 끊임없이 대화하다 보면, 지구가 다 알려 줄 거야." 하고 학부 시절에 존경하던 교수님께서 하시던 말씀이 있다.

20살에 막연하게 결정한 진로에서 25년 동안 지진학을 공부하고 있으면서도 '지진아 언제 일어나니?'라고 아무리 지구한테 물어봐도 지구는 쉽게 이야기해 주지 않는다.

지금에 와서 생각해 보면 '지질학'과 '원자력산업'은 떼려야 뗄 수 없는 불가분의 관계이고, 어쩌면 '지질학'을 선택한 30년 전쯤에 오늘날의 내 모습은 이미 정해진 건 아닐까 하는 운명의 장난에 지구라는 친구가 생겨서 참 행복하다는 생각에 슬며시 웃음이 지어진다.

세계여성원자력전문인대회(WIN_GLOBAL) 인도네시아 바탄원전 CEO와 기술 토론

한국수력원자력 중앙연구원 자연재해연구센터 개소행사 브리핑

한·일 공동 야외지질조사 수행 중(좌측 4번째)

직장 동료들과 함께 독일에너지청 신재생에너지 활용 회의에 참석

2021 과학 · 정보통신의 날 기념식 국무총리표창